KB220875

반지하

# 반지하
The Half Basement

김복순 지음

홍영사

# 사랑과 생명과 축복이 넘치는 나의 '반지하'

내 친구 해훈 마토스(Hae Hun Matos)께서 우리 집에 잠깐 들리
셨다. 그리고 떠나기 전 나에게 말씀하셨다.

"목사님은 두 번째 책을 쓰실 것입니다."

이 말을 들을 때 나는 생각했다.

'나는 두 번째 책을 쓰지 않을 것입니다.'

나의 첫 번째 책 〈나는 저자에게 물었다〉를 쓰고 발간하
기까지 힘든 일이 많아서 두 번 다시는 그런 고생을 하고 싶
지 않았던 것이다. 그러나 시간이 지남에 따라 나는 꼭 말하
고 싶은 이야기들, 그러나 아직 말하지 못한 이야기들을 쓰고
싶다는 생각이 밀려 들었다.

책의 내용을 쓰기도 전에 가장 먼저 떠오른 단어는 '반지
하(半地下, half basement)'였다. 반지하는 가난의 동의어다. 부유

한 사람들은 굳이 반지하에서 살지 않는다. 대개 가난한 사람들이 반지하에서 산다.

반지하방은 땅에서 올라오는 냉기와 습기로 눅눅하다. 창문으로 밖을 내다보면 눈을 쉴 수 있는 경치 대신 걸어다니는 사람들의 다리만 보인다. 공기를 바꾸려고 창문을 열면 밖을 오가는 사람들에게 방 안이 훤히 내려다보인다. 그보다 더 좋지 않은 점은 화재나 홍수가 났을 때 출구가 막혀 도피하기가 어렵다는 것이다. 반지하는 돈만 충분히 있다면 살고 싶지 않은 곳이다.

그런데 하나님께서는 나를 반지하로 인도하셨고, 나의 인생은 반지하에서 싹이 트고 자라서 꽃을 피우기 시작했다. 그러므로 나의 반지하는 사랑과 생명과 축복이 넘치는 곳이었다.

나의 두 번째 책이 되는 〈반지하〉는 지난 50년을 선교 일선에서 살면서 배우게 된 영적인 원칙들에 대해 이야기하고 싶었다.

하나님을 섬기기 위해 해외에 나와 사역하시는 분들의 일생을 지켜보면서 많은 생각을 했다. 왜 어떤 분의 사역은 풍성하게 열매를 맺고, 어떤 분의 사역은 제대로 열매를 맺지 못하는가? 그런 점에 대해 꼭 말하고 싶은 이야기가 내 안에 쌓여 있었다.

지금은 은퇴하신 선교사님들께, 함께 지내온 시간을 회상하며 내가 걸어온 길, 아직 말하지 못한 이야기를 들려주고 싶었다. 오늘 젊음과 인생을 바치며 주님을 섬기고 계시는 귀한 주님의 종들께 하나의 길잡이가 될 만한 격려와 경고의 이야기를 하고 싶었다. 그리고 일생을 주님을 위해 살고자 하는 어린 믿음의 청소년들에게 나의 이야기를 들려주고 싶었다.

이 책을 읽는 분들이 사역의 영적인 원칙을 마음에 새겨 그들 사역에 풍성한 열매가 맺기를 기도드린다.

나중에 나는 친구 해훈 마토스에게 왜 '두 번째 책을 쓸 것'이라고 말했는가 물었더니 특별한 이유 없이 그저 그렇게 말했다고 답했다. 그러나 그 말은 나에게 저항할 수 없는 하나님의 말씀이 되었고, 마침내 이 책을 쓰기에 이르렀다.

〈반지하〉의 원고를 읽고 충고와 격려의 말씀을 주신 문이삭 목사님과 문세연 사모님께 감사드린다. 남편이 나에게 남겨준 영문 시를 한글로 옮겨주신 시인 홍마가 목사님께 고마움을 전한다. 글을 써나가고 출판을 계속하도록 떠밀어주신 이 여호수아 목사님, 휴스턴 CMI 교회 이호은(John Lee) 목사님, 항상 나를 격려해주시는 크리스(Chris), 모든 분께 머리 숙여 감사의 인사를 올린다.

그리고 내 책의 영어판과 중국어판을 맡아준 아마존 출판네트워크, 한글판 원고를 정성껏 꾸며주신 홍영사의 홍영철 대표님, 고맙습니다.

2024년 4월 16일
휴스턴에서 김복순

## 차례

나의 삶을 통해

무엇인가 하실 일이 있기 때문에,

나의 생명을 살리신 거라고 생각했다.

::

하나님께서 나의 생명을 살리신 것이다.

나는 하나님께서 나의 인생을 통해 무엇인가

하실 일이 있기 때문에, 내가 죽어서는 안 되기 때문에

나를 살리신 거라고 생각했다.

# 기적의 교통사고

## 고속도로 눈더미 속에 처박힌 자동차

"쿵!"

지진이 일어난 것 같은 충격으로 번쩍 눈을 떴다. 눈앞에 보이는 모든 것이 눈처럼 흰빛이었다.

'여기가 어디야? 천국인가? 내가 천국에 왔나?'

정신을 차리고 사방을 둘러보니 나는 차 안에 앉아 있었다. 차창 밖은 온통 흰 눈으로 뒤덮여 있었다.

나는 인디애나 고속도로에서 오하이오 고속도로 방향으로 운전 중이었다. 세상 모든 것이 얼어붙을 것 같은 한겨울의 캄캄한 밤이었다. 털리도 집까지 서둘러 가야 했으나 눈길이라 속력을 낼 수 없어 시속 90킬로미터 정도로만 달렸다. 그런데 너무 피곤했던 나는 그만 깜빡 졸았던 모양이었다. 차는 노란색 두 줄이 그어진 고속도로 중앙선을 넘어 반대편 차로를 지나 갓길 옆에 쌓인 집채만 한 눈더미 속에 처박힌 상황이었다. 제설차가 고속도로 위의 눈을 밀어서 갓길 옆에 잔뜩 쌓아둔 것이었다. 그런 거대한 눈더미들이 고속도로 양쪽에 드문드문 쌓여 있었다.

나는 살아 있었다. 내 몸 위에는 안전벨트가 그대로 걸쳐 있었고, 급히 둘러보니 다친 곳은 없는 듯했다. 1975년 겨울, 그때는 자동차에 에어백이 없었다. 그제야 나는 사태를 파악하고 무엇을 어떻게 해야 하나 생각했다.

먼저 내게 힘이 남아 있고, 체온이 남아 있고, 차 안에 산소가 남아 있을 때 탈출해야 한다. 어서 눈더미를 헤치고 빠져나가야 한다. 빠를수록 좋다.

그러나 눈더미가 사방을 막고 있어서 차 문을 열고 나가는 것은 불가능해 보였다. 창문은 손잡이를 돌려 여는 수동식이었다. 문을 열었다가 눈이 쏟아져 들어오면 내부가 젖어서 더 추워질 것 아닌가? 그러면 더 어려워질 텐데….

어쨌든 창문을 열고 밖으로 나가는 것을 상상해보았다.

반지하

어느 쪽으로 어떻게 나가야 눈더미에 갇히지 않고 안전하게 빠져나갈 수 있을까? 예상할 수 없는 많은 위험들이 나를 둘러싸고 있었다.

자동차 시동을 걸어볼까? 마음을 진정시키고 키를 돌리자 다행히 시동이 걸렸다. 후진 기어를 넣고 천천히 반듯하게 뒤로 운전했다. 그러자 차가 덜컹거리면서 눈더미를 헤치고 바깥세상으로 쑥 빠져나왔다.

천만다행으로 고속도로 위에는 지나는 차들이 없었다. 나는 얼른 중앙선을 건너 오하이오 방향의 차로로 돌아왔다. 자동차 밑부분이 좀 망가진 것 같았으나 집까지는 충분히 갈 수 있었다.

나는 그 교통사고를 통해 몇 가지 기적을 체험했다. 우선 내가 다친 데가 없다는 것이 첫 번째 기적이었다. 그리고 승용차가 커다란 눈더미 한가운데를 정확히 치고 들어간 것도 기적이었다. 1미터 왼쪽으로, 아니면 1미터 오른쪽으로 내달렸다면 눈더미를 차고 나가 수렁에 처박혀 뒤집어졌을지도 모를 일이었다. 또 중앙선을 넘어 반대편 차로로 달렸을 때 마주 오는 차와 충돌하지 않은 것도 기적이었다.

하나님께서 나의 생명을 살리신 것이다. 나는 하나님께서 나의 인생을 통해 무엇인가 하실 일이 있기 때문에, 내가 죽어서는 안 되기 때문에 나를 살리신 거라고 생각했다. 하나님께서 분명 나를 통해 무엇인가 할 일을 가지고 계신 것이 틀림없었다.

## 대학 강의실 대신 병원 응급실로

사고 며칠 전, 나는 시카고에 있는 교회로부터 기도 모임에 참석하라는 초청을 받았다. 내가 뉴욕을 떠난 뒤 교회 교인들을 처음 만나게 되는 자리여서 꼭 참석하고 싶었다.

털리도에서 시카고까지는 승용차로 6시간 걸리는 거리였다. 차를 몰고 가서 기도 모임에 참석한 뒤 그날 밤 다시 털리도로 돌아오는 계획을 세웠다. 당시 나는 털리도대학교에서 독일어를 수강하고 있었는데, 이튿날 아침 독일어 시험이 있었다. 나는 그 시험을 놓치고 싶지 않았다.

그러나 막상 시카고에 도착하고 보니 기도 모임 장소는 2시간을 더 운전해서 가야 하는 곳이었다. 6시간을 달려왔는데 2시간을 더 운전해야 했다.

나는 일행 중 한 분의 차를 뒤따라갔다. 너무 피곤해서 시야가 흐릿했다. 나는 많이 피곤하면 눈앞의 사물이 이중으로 겹쳐 보이는 복시현상을 겪고는 했다. 운전을 하는데 모든 눈에 들어오는 사물이 둘로 보였다. 내가 쫓아가는 앞차도 2개, 차선도 2개, 중앙선도 2개였다. 어느 것이 실상이고 어느 것이 허상인지 머리가 어지러웠다. 휴대전화도 없던 때라 앞서 가는 차에게 나의 상태를 알리고 잠시 쉬었다 가자고 말할 수도 없었다. 손을 흔들어 신호를 보내기도 여의찮았다. 고속도로 위여서 어쩔 수 없이 정신을 바짝 차리고 운전에 집중할 수밖에 없었다.

마침내 기도 모임 장소에 도착했다. 기도 모임 참석자는 나 말고는 모두 시카고 교회 교인들이었다. 어떤 특별한 기도 제목은 없었고, 모임은 1시간 만에 끝났다. 참가자는 10여 명이었다. 반가운 얼굴들을 만난 것은 즐거운 일이었다. 그러나 이해하기 어려운 것은 기도 장소였다. 왜 굳이 2시간을 운전해서 갔다가 기도한 뒤 돌아오는 일정을 세웠나 싶었다. 특별한 행사도 아닌데 기도 모임을 왜 시카고 교회에서 갖지 않았을까 좀 의아했다.

아무튼 기도 모임을 마치고 각자 차를 몰고 시카고 교회로 돌아왔다. 다행히 돌아오는 길에서는 눈의 복시현상이 나타나지 않았다. 아마도 기도 모임 동안 적당히 휴식을 취해서 기운을 좀 회복한 것 같았다.

일행이 시카고 교회에 도착한 것은 밤 11시 무렵이었다.

나는 서둘러 털리도로 돌아갈 준비를 하는데, 교인들은 시카고에서 하룻밤 묵고 가라고 권했다. 하지만 내가 가야만 한다고 말하자 한 분이 나서 웃으며 말했다.

"저분은 자기가 결정한 대로 반드시 하시는 분이니 말리지 말고 가만두세요."

그 말이 맞았다. 나는 이미 이튿날 아침 독일어 시험을 보기로 마음먹고 있었다. 앞으로 6시간을 운전하면 새벽녘에 털리도에 도착할 터였다. 그러면 잠시 휴식을 취한 뒤 시험을 보러 갈 수 있었다.

그날 밤, 나는 운전대를 잡은 채 깜박깜박 졸았던 것 같았다. 내일 아침 독일어 시험을 치러야 했기에 지친 상태에서도 계속 운전을 했다.

"쿵!"

눈 내리는 겨울의 캄캄한 신새벽, 그렇게 나의 차는 고속도로 옆에 높다랗게 쌓인 눈더미 속에 처박히고 말았다.

심각한 눈길 교통사고였으나 천만다행으로 다친 곳은 없었다. 마치 아무 일도 없는 듯 나는 눈더미 속에서 빠져나와 인디애나 고속도로에서 오하이오 고속도로 방향으로 계속 차를 몰았다. 그러나 너무 피곤해서 몰려오는 졸음은 좀처럼 물러서지 않았다. 도저히 그대로 운전할 수 없어 고속도로

반지하

갓길에 차를 세우고 잠깐 눈을 붙이기로 했다. 하지만 엔진을 끄자 너무 추워서 그런지 잠이 오지 않았다.

오하이오 고속도로에 들어서자 이상하게도 졸음이 싹 달아나면서 정신이 맑아졌다. 그리고 나는 곧 지붕 밑에 자리하고 있는 나의 다락방에 도착했다.

원래 계획은 잠시 휴식을 취한 뒤 독일어 시험을 보러 털리도대학교로 가는 것이었다. 그러나 긴장이 풀리면서 오른쪽 다리에 너무 심한 통증이 느껴졌다. 나는 대학 강의실 대신 급히 병원 응급실로 향했다.

::

눈길 교통사고의 상황을 돌이켜보았다. 무리하지 않고

순리대로 행동했더라면 사고도 일어나지 않았을 것이다.

나는 목표를 위해 더 이상 나를 혹사시키지 않기로 다짐했다.

그러나 그런 지혜는 내 인생의 나중에야 찾아오게 되었다.

---

## 2

# 유혹

---

### 직장 병원 침대에 환자로 눕다

자동차가 한겨울 신새벽에 고속도로 옆 눈더미 속에 처박히는 교통사고를 당한 뒤, 나는 내가 일하는 병원에 환자로 입원하게 되었다. 병명은 오른쪽 다리에 생긴 심한 정맥염이었다. 24시간 내에 18시간을 잠 한숨 자지 않고 차에 앉아 운전을 해서 생긴 병이었다.

의사는 나더러 꼼짝도 하지 말고 침대에 누워 있으라는 처방을 내렸다. 화장실 가는 것도 허락되지 않아서 좌변기를 사용해야 했다.

발가락부터 허벅지 위까지 따뜻한 물수건으로 감싸고, 그 위에 두세 개의 전기 보온 패드를 감았다. 그리고는 혈액 항응고제와 근육이완제를 복용했다. 만일 혈전이 떨어져 나가 혈관을 따라 돌면 생명이 위험해질 수도 있었다. 혈전이란 혈관 속에서 피가 굳어서 된 조그마한 핏덩이를 말한다. 그러니까 그 혈전 형성이 오른쪽 다리 정맥 안에서 멈추어야 하는 것이었다.

입원 후 며칠 동안 식사 시간만 빼고 침대에 누워 계속 잠을 잤다. 잠은 자도 자도 끝이 없었다. 자고 일어나도 금세 또 졸렸다.

슬슬 앞날이 걱정되기 시작했다. 간호사라는 직업은 오랜 시간 두 발로 서 있어야 한다. 나는 더 이상 오랜 시간을 서 있을 수 없게 될지도 모른다. 그렇다면 앞으로 간호사로서 일을 못할 수도 있겠다.

간호사 일을 할 수 없게 된다면 앞으로 나는 이 미국 땅에서 어떻게 살아갈 수 있을까? 만일 직장을 잃어버리기라도 하면 당장 매달 돌아오는 집세에다 자동차 할부금, 보험료 등등은 어떻게 내나?

다행히 한국에서 뉴욕으로 올 때의 항공료 할부금은 다 갚은 상태였다. 고향인 목포로 돌아가서 가족들에 기대어 살아가게 되는 것은 아닐까? 며칠을 병원 침대에 누워 있자니 별별 생각이 다 들었다.

그때 같은 병원에서 일하는 한국인 의사 한 분이 내 병실을 찾아왔다. 그는 진심으로 나를 위로하면서 이렇게 말하는 것이었다.

"미스 윤, 이제는 좀 정착을 하시지요. 얼마 전에 의사인 내 친구가 독일에서 털리도로 왔어요. 그 친구는 공부를 너무 좋아해서 아직 결혼을 못했답니다. 퇴원하시면 제가 자리를 만들 테니 한번 만나보시지요."

졸린 상태에서 들었지만, 나는 그 말이 얼핏 사탄의 유혹이라는 생각이 들었다.

지난날 서울의 대학병원에서 일할 때 잠시 악령이 들린 적이 있었다. 악령이 마음 안에 들어와 나의 생각과 감정을 컨트롤한다는 것을 알았다. 그 한국인 의사는 나와 자기 친구에게 좋은 일을 한다고 생각했을 것이다. 그러한 생각이 어느 순간 자기 마음에 주어졌고, 자신은 그것을 전달하는 배달부라는 사실을 짐작하지 못했을 터이다.

한국인 의사가 병실에서 나간 뒤 나는 사탄이 내 마음을 마치 쪽집게로 집듯 알아내는 것이 놀라웠다. 공부를 좋아하고 독일어를 잘하는 남자는 나에게 최고의 결혼 상대자였다.

나는 독일에서 왔다는 그 의사를 벌써부터 좋아하기 시작했다. 굳이 만나서 어떻게 생겼는지, 어떤 사람인지 살펴볼 필요도 없었다. 그와 동시에 나는 유혹의 영을 감지했다. 유혹은 너무나 달콤해서 극복하기 힘든 법이다.

## 이리로 갈까, 저리로 갈까

나는 그 한국인 의사 친구를 만나봐야 할지 말지 결단을 내려야 했다. 내가 좋아하는 타입의 남자를 만나 정착하고, 동시에 내가 직면해 있는 경제 문제까지 해결한다는 것은 솔깃한 일이었다.

그런데 내가 그와 결혼한 뒤에도 하나님께서 부르시는 삶을 살 수 있을까? 그 남자를 아예 만나지도 말아야 하나? 그러면 이 아픈 다리를 가지고 어떻게 살아가야 하지? 내가 처한 상황을 제대로 분석하고 결단을 내려야 했다. 그러나 나는 너무 졸렸다. 한숨 자고 나서 일어나 말짱한 정신으로 나의 장래를 결정짓기로 하자.

그런데 도대체 왜 이렇게 밤낮으로 졸음이 오냐? 그제야 내가 그동안 수면제를 복용하고 있었다는 사실을 깨달았다. 나를 편히 쉬게 하려고 계속 수면제를 투여했던 것이다. 그런데 내게 처방된 먹는 약 가운데 분명 수면제는 따로 없었다. 그렇다면 근육이완제 안에 수면제 성분이 들어 있음이 틀림 없었다. 나는 그 병원의 간호사였다.

갑자기 복잡해져버린 나의 상황에 대해 올바르게 판단 하려면 먼저 쏟아지는 졸음에서 벗어나야 했다.

담당 간호사가 와서 복용할 약을 주었다. 나는 그녀가 보 는 앞에서 알약을 모두 입안에 털어넣고는 물을 들이켰다. 그 러나 실은 알약들을 혀 밑에 감추고 물만 삼켰다. 간호사가 나간 뒤 손바닥 위에 알약을 뱉어내고는 근육이완제만 골라 버리고 나머지 약만 먹었다.

두어 번을 그렇게 하자 졸음에서 벗어나 맑은 정신을 가 질 수 있었다.

병원 침대에 앉아 환자용 탁자를 끌어당겼다. 그러고는 성경을 펴고 창세기 12장을 열었다.


여호와께서 아브람에게 이르시되 너는 너의 고향과 친척과 아버지의 집을 떠나 내가 네게 보여줄 땅으로 가라.

내가 너로 큰 민족을 이루고 네게 복을 주어 네 이름을 창대 하게 하리니 너는 복이 될지라.

너를 축복하는 자에게는 내가 복을 내리고 너를 저주하는

자에게는 내가 저주하리니 땅의 모든 족속이 너로 말미암
아 복을 얻을 것이라 하신지라.

— 창세기 12 : 1~3

한국에 있을 때, 나를 하나님께서 원하시는 곳으로 보내
주십사고 기도했다. 하나님께서 보내주시는 곳이면 어디든지
가고자 했다. 나는 거기서 다른 사람들에게 복을 주는 인생을
살아가고 싶었다.

누구든지 나를 만나는 사람은 복을 받을 것이다….

이것이 내가 살아가도록 하나님께서 부르신 이유다. 그
것이 내가 선택한 나의 일생이었다.

병상에서 고민한 문제의 핵심은 이랬다. 독일에서 왔다
는 그 의사와 결혼을 해도 하나님께서 부르신 복의 근원으로
내 인생을 살아갈 수 있을까? 아니면 그 의사와 결혼하면 부
르심의 인생을 잃어버리게 될까? 이에 대해 결코 쉬운 답을
찾아낼 수 없었다.

이제 생존 자체가 위태로워져서 그 의사와 결혼해 안정
된 생활을 하고 싶다는 생각이 슬그머니 고개를 쳐들었다. 그
와 동시에 나는 창세기 12장 1~3절에 약속된 삶을 잃어버리
고 싶지 않았다.

그에 관한 답을 찾아보려 했으나 무의식중에 내 마음은 한쪽으로 기울고 있었다. 그 의사와 결혼을 하고, 계속 하나님께서 부르신 다른 사람들에게 축복이 되는 삶을 사는 것이었다. 나는 그렇게 내린 결론에 이유를 붙이며 스스로 정당화하고자 했다.

## 우리를 시험에 들게 하지 마시옵고

그러나 하나님은 다른 답을 주셨다. 내가 병상에서 이런저런 상념에 잠겨 있을 때, 멀리서 날아오는 희미한 소리를 들었다. 그 소리는 가까워지면서 점점 크게 들리기 시작했다. 한국에 있는 교회에서 어린 형제자매님들이 드리는 기도 소리였다.

주일 예배나 모임이 끝난 뒤 예수님의 지상 명령에 따라 [사도행전 1 : 8] 세계 선교를 할 수 있도록 기도하는 시간이었다. 그때 우리는 큰소리로 기도했다. 같은 장소에서 여러 그룹이 동시에 기도하면 그 공간은 엄청난 소리로 가득 찼다. 병실 침상에서 나는 그 기도 소리를 들은 것이다. 기도 소리는 점점 작아지더니 이내 사라졌다. 불과 4~5초 사이의 짧은 시간에 겪은 일이었다.

그 기도 소리를 듣자 양심에 깊은 찔림을 받았다.

나는 그들을 배반할 수 없다. 자신의 안위를 위해 나만의 길을 가는 것은 그들의 기도를 배반하는 일이다. 내가 간호사 직업을 잃든, 다리 하나를 잃든 나는 그들의 기도에 충실해야 한다. 지금까지 해오던 일을 계속하고, 다른 문제는 하나님 손에 맡기겠다. 간호사 직업, 아픈 다리, 생명 보장, 매달 지출되는 경비, 그리고 나의 장래…. 하나님께서 이 모든 문제를 걱정하실 것이니 나는 계속 말씀 가르치기에 전념할 것이다.

결론은 창세기 12장 1~3절 말씀에서 오지 않았고, 나의 논리적인 생각에서 오지 않았으며, 오직 기도 소리를 들은 것에서 왔다. 형제자매님들의 기도 소리가 사탄의 시험에 빠질 뻔한 선교사를 구했다. 형제자매님들은 그들의 기도가 실족할 뻔한 한 선교사를 끌어올렸다는 사실을 모를 것이다.

우리를 시험에 들게 하지 마시옵고….

— 마태복음 6 : 13

하나님께서 나에게 형제자매님들의 기도 소리를 들려주시고 시험에 들지 않게 인도하셨다.

병원에 입원한 지 10일이 되던 날 정오 무렵 퇴원했다. 나는 다락방으로 가지 않았다. 곧바로 성경 공부를 하러 클리블랜드로 향했다.

아직은 편치 않은 오른쪽 다리를 조수석 의자 쪽에 걸치고는 왼발로 운전했다. 처음에는 어색하고 불편했으나 얼마 가지 않아 편안히 운전할 수 있었다.

### 늙어서야 찾아오는 생활의 지혜

어렸을 때 나는 사람들이 주로 한쪽 팔을 쓰는 것에 관해 생각했다. 왜 오른손잡이는 오른손을 쓰고 왼손은 잘 쓰지 않을까? 왜 왼손잡이는 왼손을 쓰고 오른손은 잘 쓰지 않을까? 사람들이 그렇게 생활하는 것은 그들의 생각에 달려 있다고 보았다. 사람에게는 손이 두 개 있으니 두 손을 다 써야 하지 않을까?

그래서 두 손을 다 써야겠다고 마음먹었다. 나는 오른손잡이인데 왼손을 열심히 훈련해서 양손을 다 쓰기로 작정했다. 그때부터 왼손을 훈련하기 시작했다.

부모님은 내가 왼손으로 밥 먹는 것을 보고 걱정하셨다. 그러나 그것을 애써 금지시키지는 않으셨다. 내가 워낙 고집이 세고, 하고 싶은 것은 반드시 하고야 만다는 것을 잘 알고 계셨던 거다.

왼손으로 글 쓰는 것만 제외하고 여러 행동을 척척 할 수 있게 되자 나는 왼손 훈련을 끝마쳤다. 그것이 내가 왼발로 쉽게 운전할 수 있는 요인이 되었을지 모른다.

독일어 시험도 못 보고 수업도 10일이나 빠진 나는 독일어 공부를 그만 포기했다. 지난번 눈길 교통사고의 상황을 다시 한 번 돌이켜보았다. 시카고 교회에서 2시간쯤 자고 새벽 3시에 출발했더라면 오전 10시의 독일어 시험을 볼 수 있었고, 그러면 지금쯤 독일어를 유창하게 말할 수 있을 것이다. 그러나 그런 지혜는 내가 늙고 힘 없을 때, 내 인생의 나중에 찾아오게 되었다.

나는 아직 완전히 낫지 않은 오른쪽 다리를 하고 간호사로서 직장인 병원으로 돌아왔다. 근무 중 이따금 오른쪽 다리가 뻐근하고 불편했으나 대체로 상태는 좋아지고 있었다. 완전히 회복하는 데는 꽤 오래 시간이 걸렸다. 혈액 항응고제를 오랫동안 복용했다. 한동안 매일 맞춤형 팬티호스를 입었다. 의사 처방을 가지고 의료 기기 전문점에 가서 발끝에서 허리까지 자로 잰 뒤 만든 것이었다. 그것을 입고 벗는 데는 많은 시간과 힘이 들었다.

병원 근무가 끝난 뒤 나의 다락방에 오면 욕조에 따뜻한 물을 받아 두 다리를 담갔다. 나는 목표를 달성하기 위해 더 이상 나의 다리를 혹사시키지 않기로 다짐했다.

그렇게 해서 마침내 오른쪽 다리는 완쾌되었다. 한참 뒤 자기 친구 의사를 나에게 소개시켜주겠다던 그 한국인 의사와 병원에서 마주쳤는데, 그도 아무 말을 하지 않았고, 나도 아무 말을 하지 않았다.

::

근사한 교회 건물이 세워지면 교인의 수도 늘게 된다.
장소가 멋있으면 사람들이 많이 찾는다. 그런데 하나님께서
교회 건물이 멋있어서 그 교회에 오실까? 나의 가난한
반지하방은 성경 공부를 하는 데는 최고의 장소였다.

---------- 3 ----------

# 반지하

---

### 하나님의 은혜와 반지하 아파트

다락방의 6개월 계약이 끝나가고 있었다. 이제는 다락방에서 이사를 나가기로 마음먹었다. 틈이 날 때면 털리도대학교 부근을 걸어 다니면서 내가 지낼 만한 적당한 아파트가 있는지 둘러보았다.

아파트에 들어가 살려면 적어도 보증금과 첫 달 월세를 미리 내야 하는데, 아직 그럴 만한 돈을 모으지 못한 형편이었다. 그러나 앞으로 계획하는 바가 있어 꼭 대학교 근처에 있는 아파트를 얻을 작정이었다.

나의 선교 목표는 대학생이었다. 그래서 나는 털리도대학교 근처에 있는 아파트를 찾고 있었다. 우리 속담에 '호랑이를 잡으려면 호랑이 굴에 들어가야 한다'라는 말이 있으니까. 나는 대학교 근처 학생들이 많이 살고 있는 아파트를 구하고 싶었다. 학생들 사이에서 살면서 그들에게 말씀을 가르치고자 했다.

털리도대학교 가까운 곳에서 학생들이 많이 사는 아파트 하나를 찾았다. 현관문을 밀고 안으로 들어갔다. 로비 왼쪽 벽에 게시판이 있었는데, 세입자들이 살고 있는 방을 내놓은 광고지가 여럿 붙어 있었다.

그중 한 광고지가 눈에 띄었다. 말하자면 전전세로, 세입자가 불가피한 사정으로 계약 기간을 채우지 못하고 이사 나가야 할 경우 남은 기간을 들어와 살 사람을 구하는 광고였다. 그 방은 현재 비어 있으며, 1년 계약 중 서너 달이 남아 있었다. 나로서는 그보다 더 좋을 수가 없었다. 내가 가진 적은 돈으로 곧바로 들어갈 수 있었던 것이다.

나는 전 세입자에게 전화했다. 이번 달의 남은 날을 계산해서 임대료를 내면 당장 들어가 살 수 있었다. 계약금은 남은 달이 끝난 뒤 치르기로 했다. 하나님의 은혜는 끝이 없었다. 어떻게 2주간의 집세만으로 대학 근처 아파트에 들어갈

반지하

수 있을 거라 생각하겠는가? 그 아파트는 반지하였다.

마침내 나는 나만의 독립된 공간을 가지게 되었다. 비록 반지하지만, 미국에서는 '스튜디오 아파트'라고 불리는 큰 방 하나에 부엌과 화장실이 딸린 방이었다. 한국식으로 말하자면 '원룸'에 해당될 것이다.

방 안에 들어서면 창문의 반 정도가 바깥의 잔디밭 높이와 같아서 걸어다니는 사람들의 다리가 보였다. 가구라고는 아무것도 없었다. 살림살이로는 담요 두 장, 접시와 컵 몇 개가 전부였다. 이사 오고 며칠 지났을 때 현관 앞 게시판에서 헌 책상 하나와 의자 두 개를 판다는 광고를 보고는 사기로 했다. 판매한 학생이 친절하게도 책상과 의자를 내 방까지 옮겨주었다.

## 하나님은 교회 건물을 보고 오시지 않는다

사람들은 자기만의 공간을 가질 때, 어떻게든 자신의 취향에 따라 그 공간을 채우려 한다. 나 역시 나만의 공간으로 내가 하고 싶은 대로 꾸몄다.

무엇보다 우선적으로 나의 그 소중한 반지하방을 성경 공부하는 장소로 만들었다. 책상 하나와 의자 두 개를 놓으니

발자국 →

The B-Ble

반지하방의 모습을 그린 그림. 성경이 놓인 책상과 2개의 의자가 방 한가운데 자리하고, 그 옆 카페트 위에 담요 두 장으로 만든 잠자리가 있는, 지나는 사람들의 다리가 보이는 창문이 있는, 성경 공부 하기에 완벽한 나의 공간이었다.

성경 공부를 하는 장소로는 완벽한 환경이었다.

밤에는 카페트 위에 담요 한 장을 깔고 다른 담요 한 장은 덮고 잤다. 아침에 일어나면 담요는 접어서 선반 위에 올려두었다.

소파도 없고, 탁자도 없고, TV도 없고, 커피포트나 조그만 쿠키 바구니 같은 것도 없었다. 헌 책상과 의자가 인테리어의 전부였다. 나의 공간은 오로지 성경 공부만 하는 곳이었다. 성경 공부를 할 사람만 찾아오고, 또 성경 공부를 한 뒤에는 바로 나가야 했다. 성경 공부를 하는 데 꼭 필요한 것 외에는 아무것도 마련하지 않았다.

미국에서 반지하는 가난의 동의어다. 가진 자들은 반지하에 살지 않는다. 반지하는 가진 것 없는 가난한 사람들의 궁핍한 거주 공간이다. 땅 밑에서 올라오는 눅눅한 습기로 방 안은 늘 꿉꿉했다. 창문으로 밖을 내다보면 눈을 쉴 만한 경치 하나 없고 오가는 사람들의 다리만 보였다. 방 안 공기를 환기시키려고 창문이라도 열면 지나는 사람이 방 안을 훤히 들여다볼 수 있었다.

그런 것들은 얼마든지 견딜 수 있다. 큰비가 내려 거리에 물이 넘치거나 화재라도 나면 출구가 막혀 빠져나오기 어려운 위험한 공간이 반지하였다.

하지만 그런 것들은 나에게 아무런 문제가 되지 않았다. 나는 그저 편하게 성경 말씀을 가르칠 수 있는 나만의 공간이 생겼다는 것에 감사할 따름이었다. 나의 반지하는 하나님께서 친히 선택해주신 곳이었다.

내가 서울의 대학병원 간호사 기숙사에서 지내고 있을 때 방 안에는 이층침대, 책상, 의자뿐이었다. 벽에는 흔한 시계도 액자도 없었고, 꽃병이나 화분 하나 없었다. 창문에는 커튼조차 없었다. 사람의 눈을 즐겁게 하는 물건은 아무것도 없었다.

그러나 하나님은 아무것도 없는 그 방을 세 번이나 찾아오셨다. 첫 번째는 내가 성경에 관해 질문했을 때, 성경의 저자로서 그 질문에 답하러 오셨다. 두 번째는 내가 나의 죄를 고백했을 때 성령의 세례를 주려고 오셨다. 그리고 세 번째는 내가 말씀을 가르치는 것에 관해 항의했을 때 그 답변을 주려고 오셨다.

간호사 기숙사 방은 아무런 장식도 없고 즐거움을 주는 그 무엇도 없었지만 두 가지만은 있었다. 성경과 내 마음이었다. 성경 말씀의 뜻을 깨달아 그대로 살고자 하는 간절한 마음이었다. 그것이 있었기에 하나님께서 그 방에 찾아오신 것이었다. 그것이 내가 배운 바였고, 나는 반지하에서 그대로 똑같이 실행했다. 반지하에 필요한 것은 성경과 하나님의 진리를 구하는 진실한 마음이었다.

어느 한국의 목사님이 내게 말한 적이 있다.

"요즘은 교회 건물이 좋아야 합니다. 사람들이 멋진 건물을 보고 교회에 나옵니다."

그 목사님의 말도 일리가 있었다. 근사한 교회 건물이 세워지면 교인의 수도 늘게 된다. 장소가 멋있으면 사람들이 많이 찾는다. 그런데 하나님께서 교회 건물이 멋있어서 그 교회에 오실까?

### 아무것도 먹지 않고 하루 네 차례 성경 공부

나의 전도 대상은 미국 대학생이지만, 나와 성경 공부를 같이하는 이들은 거의 한국인이었다. 그들은 약속된 시간에 반지하에 와서 나와 함께 말씀을 공부했다.

병원 근무가 쉬는 어느 날이었다. 그날은 아침부터 저녁까지 네 차례의 성경 공부 스케줄이 잡혀 있었다.

첫 번째 성경 공부가 있기 전에 나는 그분에게 알맞는 성경 말씀을 골랐다. 그 말씀으로 교재를 만드는 데 2시간, 성경 공부하는 데 1시간이 걸렸다. 첫 번째 성경 공부가 끝나면 두 번째 성경 공부 준비를 했다. 그분을 생각하면서 거기에 알맞는 말씀을 골랐다. 세 번째, 네 번째도 그렇게 했다. 네 번째 성경 공부를 마치자 밤 10시 30분이었다. 그날은 종일 긴장하고 집중하면서 빡빡하게 하루를 보냈기에 몹시 지치고 힘들었다.

잠을 자려고 카페트 위에 담요 한 장을 깔고 누운 뒤 다른 담요를 덮었다. 눈을 붙이려 애썼다. 그런데 속이 쓰려 잠이 오지 않았다. 혹시나 위장병이 생긴 것은 아닐까 걱정되었다. 가만히 생각해보니 그날 하루 종일 아무것도 먹지 않은 것을 알았다. 아침, 점심, 저녁 한 끼도 먹지 않았다. 그날 하루는 먹는 것을 잊고 지낸 것이었다.

내가 생각해도 어처구니가 없었다. 세상에 이런 일이 또 있을까? 온종일 먹는 것을 잊어버린다는 것이 가능한가? 나는 그날 그런 짓을 했다. 그제야 일어나서 속을 달래기 위해 물 한 컵을 마셨다. 그러나 무엇을 먹지는 않았다. 너무 지쳐서 먹을 힘조차 없었다.

나는 한국인 성경 공부 학생들을 모아 토요일마다 그룹 지도를 시작했다. 그들이 하나님 말씀을 받기 시작하자 자기들도 주일 예배에 참석해서 하나님을 예배하고 싶다고 말했다. 토요일의 성경 공부로는 충분하지 않다는 것이었다. 옳은 말이었다. 그러나 그것은 학생들이 주일 예배에 참석하기 위해 여러 교회로 흩어질 수 있다는 뜻이기도 했다.

　나는 다른 계획을 세웠다. 성경 공부 학생들과 같이 하나님께 새 교회를 만들어 드리는 계획이었다. 그들이 일단 다른 교회로 흩어지면 나는 그들을 다시 모을 수 없게 된다. 그래서 다음 일요일부터 반지하에서 주일 예배를 시작한다고 광고했다.

::

왜 하나님께서 가난한 반지하에 오셨을까?

그곳에서 우리는 하나님께서 명하신 일을 하고 있었다.

"말씀을 가르치라!"

반지하에서 말씀을 가르치고 또 배우는 우리를

하나님께서 기뻐하셨기 때문이었다.

# 4

# 반지하에 찾아오신 하나님

## 반지하에서 주일 예배를 시작하다

반지하 교회에서 시작할 주일 예배 준비에 들어갔다. 먼저 접이식 의자 열몇 개를 구입했다. 기독교 서점에 가서 영문 성경 1박스를 샀다. 작은 성경 24권이 들어 있었다. 찬송가도 사야 하는데 종류가 너무 많아 어느 것을 골라야 할지 몰랐다. 영문 찬송가들 가운데 한참을 검토한 끝에 한 가지를 골라 12권을 샀다.

설교할 때 필요한 강대상講臺床은 직접 만들기로 하고 재료를 구입했다. 자재 상점에 가서 나무판자를 적당한 크기로 자른 뒤 망치와 못을 샀다. 그리고는 반지하에 가지고 와서 직접 조립하고 목을 박았다. 일반 교회 강단에 있는 강대상처럼 고급스럽지는 않았으나 직접 만들어서 그런지 듬직해 보였다. 예배 때 성경, 찬송가, 설교지를 놓고 쓰기에 딱 좋았다. 나는 그것들을 모두 나의 개인 돈으로 구입했다.

그 주일의 일요일이 밝았다. 한국인 성경 공부 학생들이 모두 왔고, 우리는 반지하에서의 첫 주일 예배를 시작했다. 대체적으로 주일 예배 순서를 따라 했다. 찬송 - 기도 - 주일 예배 설교 - 찬송 - 기도 순서로 진행했다.

이후 나는 매주 주일 예배 때마다 설교를 했다. 찬송은 피아노나 오르간 같은 반주 악기가 없어서 아카펠라로 불렀다. 처음에는 다른 분들이 따라 부를 수 있도록 내가 크게 소리 내어 불렀다. 찬송가 1절은 가만히 듣기만 하다가 2절에 가서는 조금씩 따라 불렀고 3절부터는 모두 함께 한목소리로 불렀다. 사실 내가 찬송가를 많이 알지 못해 잘 아는 몇 곡을 되풀이해서 부르고는 했다. 모두 한국인이지만 영어 찬송가를 사용했다.

일요일은 주일 예배 설교를 하고 월요일 하루는 쉬었다. 화요일에는 다음 주일 예배 때 설교할 말씀을 창세기부터 계시록까지 전체 성경에서 찾았다. 그런데 어느 때는 수요일이

나 목요일까지 적절한 말씀을 정하지 못하기도 했다. 그렇게 되면 주일 예배에서 설교할 충분한 준비 시간을 갖지 못해 마음이 불안해지면서 자신감도 떨어졌다. 그런 문제는 한동안 이어졌다.

## 반지하방 하얀 벽에 나타난 환상

늦은 밤 성경 공부를 마치고 잠자리에 들려던 어느 날이었다. 불을 끈 뒤 담요 하나를 방바닥에 깔고 다른 하나를 덮고는 오른편으로 누웠다. 내 얼굴이 반지하방의 흰 벽을 향하고 있었다. 어둠 속이었다. 막 잠이 들려고 할 때, 갑자기 눈앞에 환한 빛을 느꼈다. 캄캄한 방에서 무슨 빛인가 싶어 살짝 실눈을 뜨고 보았다. 나는 눈앞에 보이는 광경 때문에 눈을 크게 떴다.

방의 하얀 벽 위에 열댓 명쯤 되는 우리 교인들이 서 있었다. 주위의 다른 벽은 모두 어두운데 우리 교인들이 서 있는 벽만 환하게 빛났다. 한 사람, 한 사람을 바라보는데 누가 누구인지 다 알 수 있었다. 단체 사진 같지만 모두 살아 있는 모습이었다. 상반신만 뚜렷이 보였고 허리 아래는 어둠에 가려져 있었다. 그 순간 나는 우리가 가지고 있는 우리의 마음

반지하방의 하얀 벽에 나타난 교인들의 환상을 그린 그림. 자신을 위한 욕심은 지니고 있으나 하나님께는 인색한 우리의 마음을 보았다.

을 보았다. 자신을 위한 욕심은 지니고 있으나 하나님께는 인색한 것이 바로 우리의 마음이었다. 나는 그 환상이 어떻게 사라졌는지 뚜렷이 기억하지 못하나 아마도 다시 눈을 감아버린 것이 아닌가 생각된다.

우리 반지하 교회 교인들은 대개 가난했다. 나는 교인들에게 하나님께 헌금하라는 말을 할 수 없었다. 그들의 어려운 처지를 돕기 위해 차라리 내 돈을 나누어주는 것이 훨씬 마음 편했다. 나의 그런 자세는 분명 친절하고 인정과 동정심이 넘치는 행동이었다. 그러나 하나님에 대한 인색한 죄가 우리 가운데 자라고 있었다.

성경에서는 부유한 자나 가난한 자나 모두 하나님께 드렸다. 부자는 염소나 양을 드리고, 빈자는 비둘기를 드렸다. 나는 우리 교회 교인들에게 자신의 비둘기를 하나님께 드리라고 가르치지 않았다. 그들에게 너희는 가난하니 너희의 비둘기를 자신을 위해 쓰라고 인도했다. 가난하기 때문에 너희의 돈을 자신을 위해 쓰고 내 돈도 줄 테니 그것도 쓰라고 일렀다. 하나님에 대해 인색한 죄가 우리 교회 안에서 자라고 있었던 것이다. 이 문제가 고쳐지지 않으면 나는 우리 교인들을 크리스천 거지가 되도록 인도하는 셈이었다.

하나님께서 반지하방으로 오셔서 이 문제를 보여주시

지 않았더라면 몰랐을 것이다. 나는 먼저 내 자신의 태도와 인간적인 생각을 극복하고, 가난한 사람들에게 자신이 할 수 있는 한도 내에서 하나님께 드리라는 것을 가르쳐야 했다. 하나님께 돈을 헌금하는 것은 우리의 마음을 하나님께 드리는 일이다.

처음으로 나는 하나님께 헌금하는 설교를 준비했다. 설교자는 하나님의 메시지를 전달하는 사람이다. 자신의 생각을 보태지 않고 성경에 기록된 그대로 전달해야 한다. 나는 가난한 사람들에게 비둘기를 하나님께 드리라는 메시지를 그대로 전했다.

## 기도는 싸우고 승리하는 법을 알게 한다

나는 이 환상이 계속되리라는 기대를 하지 않았다. 그러나 다시 환상을 보게 되어 몹시 놀랐다. 일주일 뒤의 밤에 우리 교인들의 환상이 하얀 벽 그 자리에 다시 나타났다. 주위는 온통 어두운데 환상이 나타난 곳만 환하게 빛났다. 이번에는 우리 가운데 기도가 부족한 것을 보았다. 우리 교회 교인들이 하나님께 드리는 기도가 빈약했다.

우리는 아주 가까웠고 서로를 사랑했다. 우리의 작은 교회 안에는 사랑이 있었다. 그러나 하나님의 눈에는 기도가 적었다. 어느 사회든 어느 집단이든 사랑과 단결로 똘똘 뭉쳐질 수 있다. 기도가 부족한 교회는 그런 사회나 집단과 다를 바가 없다. 교회는 기도를 통해 하나님과 연결된다. 그것이 교회가 여느 집단과 다른 점이다.

우리 교회는 교인 사이에 평행적인 관계성을 가지고 있으나 하나님과의 수직적인 관계성은 약했던 것이다. 반지하에 있는 우리 교회는 서로 친하기는 해도 기도가 부족했다. 그래서 나는 기도에 관한 주일 예배 설교를 준비했다.

주일 예배에서 기도에 관해 설교한 다음 우리 가운데 기도 생활이 향상되었나 주의 깊게 관찰했다. 그러나 아니었다. 우리의 빈약한 기도 생활은 변화가 없었다. 뚜렷한 진전이 보이지 않았다. 나는 기도에 관한 나의 설교가 부족하다고 스스로를 책망했다. 그래서 다시 기도에 관한 말씀을 준비한 뒤 설교했다. 그러나 이전과 마찬가지로 각 개인의 기도 생활에 별다른 변화가 보이지 않았다.

이번에는 나 자신을 책망하지 않기로 했다. 나는 주일 예배 때 기도에 관해 몇 번을 설교한다 해도 교인들의 기도 생활이 변화하지 않을 거라고 판단했다. 설교라는 '말'이 아니고 어떤 '행동'이 필요했다.

한 병사에게 싸우는 법을 가르치려고 할 때, 아무리 많은 말로 설명해도 병사는 아직 어떻게 싸워야 하는지 그 방법을 잘 모른다. 그러나 병사를 실전에 투입하면 그는 싸우는 법을 금방 배우게 된다. 한 번의 실전이 설교자의 백 마디 말보다 낫다. 기도가 그렇다. 기도는 그냥 하는 것이다. 실전처럼 직접 실천함으로써 몸으로 배우게 되는 것이다.

그래서 기도 모임을 만들고, 기도 제목을 가지고 함께 기도하기로 했다. 우리 중에 누가 불가능한, 또는 거의 불가능한 상황에 부딪히면 온 교회가 합심해서 하나님께 소리 높여 기도 드리면서 그런 불가능의 상황들을 극복해 나가는 것이다. 이처럼 기도로 도전하고 투쟁하는 과정을 거치면서 하나님으로부터 응답을 받으면 기도의 용사가 된다. 기도로써 어떻게 싸우고 어떻게 승리하는지 알게 된다.

### 교회는 넓은 바다를 항해하는 배

하나님께서 반지하방의 하얀 벽에 펼쳐 보여주신 환상의 도움으로 나는 주일 예배 설교를 하는 데 확신을 갖게 되었다. 주일 설교 준비하는 일이 즐거웠다. 그런데 두 번째 환상을 본 이후 환상은 그쳤다. 밤에 더 이상 환상이 나타나지 않았다. 방의 모든 불을 끄고 누워 어둠 속에서 눈을 감고 기다리고, 기다리고, 기다렸지만 환상은 나타나지 않았다. 하나님께서 우리 교회의 환상을 더 이상 보여주시지 않을 모양이었다.

나는 하나님께서 이제 나 스스로 우리 교회의 연약하고 부족한 점을 볼 수 있는 영적인 능력을 가지기 바라신다고 생각했다. 그 모자란 점을 주일 예배 설교 말씀으로 극복하기를 원하신다고 여겼다. 나는 하나님의 이 결정에 매우 섭섭한 마음이 들었다. 그러나 하나님은 뜻이 확고했고, 나는 교회의 영적인 상태를 분별하는 영적인 통찰력을 갖도록 성장해야 한다는 것으로 받아들일 수밖에 없었다.

영적인 통찰력을 키우려면 무엇을 어떻게 해야 하나? 기도를 열심히 해야 하나?

그때부터 나는 교인 한 사람 한 사람을 위해 기도하기 시작했다. 두 번의 환상은 하나님을 향한 우리의 태도, 하나님과 우리의 관계성에 관한 메시지였다. 언제쯤 나는 한눈에 교회의 영적인 상태를 알아볼 수 있을까?

두 번의 환상을 통해 교회가 무엇인가 하는 것을 이해하게 되었다. 교회는 넓은 바다를 항해하는 배와 같다. 여러 면에서 서로 다른 사람들이 같은 배를 타고 있다. 배에 탄 사람들은 저마다 각양각색으로 다르나 한 가지의 공통점을 가지고 있다. 항해하는 항로가 모두 같다는 점이다. 주일 예배 설교가 배의 키 역할을 한다. 배의 목적지는 예수님을 통한 천국이다.

어떤 배는 하나님과의 바른 관계성에서 예수님의 형상을 닮아가며 나아간다. 그래서 천국을 향한 바른 항로로 항해해서 모두가 천국 문에 다다른다. 하지만 어떤 배들은 방향을 잃어 그 배에 타고 있는 모든 사람이 함께 헤매고 있다. 또 어떤 배들은 암초에 부딪쳐 그 배에 타고 있는 모든 사람이 파선을 경험한다. 각 배의 항해사인 목사는 그 배가 어느 방향으로 가고 있는지 항상 깨어서 살펴야 한다. 주일 예배 설교를 통해 배가 바른 방향으로 항해하도록 이끌어야 한다.

### 하나님께서 반지하에 오신 의미

그 이후 나는 주일 예배 설교 준비를 하는 데 또 다른 문제에 직면했다. 예를 들어 우리 교회가 필요한 것이 하나가 아니고 둘인 경우였다.

우리 교회가 믿음과 사랑 두 가지가 필요하다고 가정하자. 그럴 경우 나는 둘 중에 어느 것을 택해야 할지 몰라 망설인다. 그 주일 예배에서 믿음을 설교해야 하나, 사랑을 설교해야 하나? 하나를 택하지 못해 시간 허비했다. 나는 설교 주제를 고르는 데 실수하지 않고 꼭 맞는 내용을 택하려고 애썼다.

그러던 중에 꿈을 꾸었다. 꿈속에 나는 교회 부엌에서 쇠고기와 닭고기 두 가지를 도마 위에 올려놓고는 우리 교회 교인들을 위해 요리를 하려 했다. 손에는 부엌칼을 쥐고 있었다. 나는 어떤 고기로 요리를 해야 할지 몰랐다. 쇠고기냐, 닭고기냐, 오락가락하면서 결정을 내리지 못했다. 이처럼 시간을 허비하고 있을 때, 교인들이 음식을 먹으러 왔다. 나는 아직 고기를 고르지도 자르지도 않은 상황이었다.

아! 정말 다행이었다. 현실이 아니고 꿈이었다. 나는 그 어처구니없는 상황을 그렇게 모면했다. 그러나 곧 내 문제의 해결점을 찾았다. 한 가지 고기를 잘라 이번 주에 요리하고, 다른 고기는 다음 주에 요리하면 되었다. 얼마나 쉬운가! 그래서 나는 그 같은 문제를 극복하게 되었다.

그 이후 하나님으로부터 주일 예배 설교에 관해 더 이상 교육을 받지 않았다. 그럼에도 주일 예배 설교를 위해 끊임없이 노력을 기울였다. 나는 설교 준비를 할 때 대략 다음 네 가지 과정을 거친다.

① **말씀 선택** : 교회에 필요한 말씀을 고른다. 나는 이것을 내가 보았던 두 개의 환상을 통해 배웠다.

② **말씀 받음** : 먼저 그 말씀을 내 마음에 받는다. 나는 말씀을 성경에서 바로 내 마음에 받으려 한다. 그것이 가장 좋은 길인데, 그런 일이 항상 일어나지는 않는다. 말씀을 내 마음에 직접 받을 수 없을 때는 칼뱅Jean Calvin의 주석서를 읽는다. 내가 가진 칼뱅의 주석서는 영문 고어로 쓰여 있지만 읽으면 영감을 받는다. 하나님께서 내 마음을 열어 내가 묵상하고 있는 말씀의 뜻을 내 마음에 주셔야 한다. 이 대목이 내가 죽음과 부활을 체험하는 시간이다. 내가 말씀의 뜻을 이해하지 못하기 때문에 죽음을 체험하고, 하나님께서 말씀의 뜻을 내 마음에 주실 때 부활을 체험한다. 하나님의 말씀은 마음에서 마음으로 전해지고 내 마음에서 청중의 마음으로 옮겨진다.

③ **쓰기** : 하나님 말씀의 뜻을 깨닫고 감동으로 내 마음이 충만하게 된 이후 그것을 말로 표현해야 한다. 그때 나는 여러 번 기도한다. 하나님께 무엇을 어떻게 써야 하는지 묻는다. 본문 말씀을 복잡하게 하지 않으며 단순하고 깔끔하고 힘있게 드러내기 위함이다. 또 말씀을 청중의 관점에서 본다. 한 가지 물건을 위에서 보는 모습이 다르고 아래에서

보는 모습이 다르다. 이 부분이 잘되면 청중은 생각하기를 '저건 나야. 주일 말씀이 나에 관해 말하고 있다'라고 생각하며 하나님 말씀을 자신의 실생활에 적용한다. 나는 청중의 관점을 80~90퍼센트만 접근하고, 20~10퍼센트는 자신들이 스스로 깨닫도록 남겨둔다.

④ **성령의 임재하심 가운데 설교하기** : 설교자는 설교를 시작한 지 몇 분 안에 청중의 관심을 집중시켜야 한다. 그 뒤 30분 동안 한 말씀, 한 가르침, 한 가지 포인트의 결론을 향해 나아가야 한다. 설교가 끝났을 때는 한 단어 또는 한 가지 포인트가 청중의 마음에 남는다. 그것이 청중이 일주일을 살아갈 영적인 식량이다. 어떤 설교학 교수는 가장 중요한 부분이 실제 설교하는 것이라고 지적했다. 똑같은 설교를 가지고 어떤 설교자는 하나의 말씀을 청중의 마음에 심을 수 있고, 어떤 설교자는 청중이 다른 생각을 하다가 졸음에 빠지게 할 수 있다.

이것이 내가 주일 예배 설교를 준비하는 과정이다.

왜 하나님께서 나의 반지하에 오셨을까? 나의 반지하에는 눈에 좋아 보이는 것이 하나도 없었다. 나의 반지하는 모든 가난한 반지하 중에서도 아주 가난한 곳이었다. 하나님께서 아주 가난하기 때문에 오셨을까?

내 생각으로는, 그곳에서 우리가 하나님께서 하라고 명하신 것을 하고 있었기 때문에 오신 게 아닐까 싶다. 하나님은 '말씀을 가르치라'[디모데 후서 4 : 2]고 명하셨다. 나의 반지하에서는 말씀을 가르치고 또 배우고 있었다. 내가 나의 돈과 시간과 마음을 반지하 공간을 장식하는 데 썼으면 하나님께서 거기에 오셨을 것인가? 내가 나의 시간과 마음을 오로지 나의 몸과 감정과 기분을 즐겁게 하는 데 쓰고 있었으면 하나님께서 오셨을 것인가?

하나님께서 오신 것은 하나님께서 우리를 기뻐하셨기 때문이었다. 그곳에서 우리는 하나님이 명하신 일을 하고 있었다.

"말씀을 가르치라!"

하나님은 성경 말씀을 통해 사람들을 구원하신다. 하나님께서 말씀을 통해 구원의 역사를 이룩하시도록 믿는 신자들은 말씀을 가르쳐야 한다. 믿는 신자들은 자기 가족에게, 친구에게, 이웃에게, 또는 모르는 사람에게도 말씀을 가르쳐야 한다.

그러나 말씀 가르치는 것을 목사만의 직업으로 생각하고 말씀을 가르치지 않는 것을 예사로 여기는 듯하다. 나는 어떤 크리스천들의 모임에 참석한 일이 있었다. 그들은 모여서 진심을 다해 헌신적으로 말씀을 가르치는 것만 빼고 모든 일을 다하고 있었다. 나는 마음속으로 질문했다.

'당신들은 무엇을 하고 있나요? 하나님께서 당신들에게 명하신 것만 하지 않고 다른 일은 다하고 있지 않나요?'

하나님께서 반지하에 오신 또 다른 의미는 무엇일까? 한 나라의 최고 지도자가 어느 고통받는 지역을 시찰할 때는 그저 구경하듯이 방문하는 것이 아니다. 한 나라의 최고 지도자는 그 지역의 문제를 해결하고 발전시킬 수 있는 방안을 가지고 간다. 하나님께서는 반지하에 빈손으로 오시지 않았다. 반지하를 발전시킬 하나님의 방안을 가지고 오셨다.

::
베드로와 요한은 서로 일등을 하려고 견제하고 경쟁했다.
그러나 예수님의 죽음과 부활 후 땅끝까지 복음을 전하는
사명 앞에서 자존심, 야망, 경쟁 따위는 안중에 없었다.
그들은 세계 전도의 임무를 다하기 위해 한마음이 되었다.

# 너희 둘이서

## 영 선교사님과 함께 반지하에서

한국에서 오신 여자 선교사님 '영'이 반지하에 도착했다.
혼자이던 나는 영 선교사님이 합류해서 힘이 두 배로 솟았다.
영 선교사님은 공항 근처에 있는 양로원에 간호조무사로 일
하게 되었다. 한국에서는 정식 간호사였으나 미국에서는 오
하이오주 간호사 자격증 시험에 합격할 때까지 노동 허가증
을 받아 간호조무사로 일해야 했다.

처음에 우리는 아파트 임대료를 놓고 의견 충돌이 있었
다. 나는 간호사로 일해서 월급을 조금 더 받으니 조금 더 내

야 한다고 주장했고, 영 선교사님은 자신도 아파트의 절반을 사용하기 때문에 똑같이 반반씩 내야 한다고 주장했다. 이 논쟁에서 결국 내가 밀려서 임대료를 반반씩 내기로 합의했다. 그것 외에 우리는 별다른 문제 없이 한마음 한뜻으로 주님 섬기는 일을 같이 했다.

영 선교사님은 차도 없었지만 운전을 할 줄도 몰랐다. 우리는 내 차로 같이 출퇴근할 수 있도록 오후번 근무를 택했다. 둘 다 근무하는 날은 평소보다 일찍 나섰다. 내가 운전해서 공항 근처에 있는 양로원 앞에 영 선교사님을 내려준 뒤 차를 돌려 시내에 있는 나의 근무지 병원으로 갔다. 그리고 일과가 끝난 밤 11시쯤 차를 몰아 공항 근처 양로원에 들러 영 선교사님을 태우고 반지하로 향했다.

자정이 넘어 집에 도착하면 우리는 간단히 식사를 한 뒤 기도를 시작했다. 한 사람이 소리 내어 기도하면 한 사람은 졸았다. 한 사람의 기도가 끝나면 졸던 사람이 깨어나 기도를 했다. 그렇게 기도 시간을 보내고 나면 새벽 1시가 훌쩍 지나 있었다. 우리의 기도 내용은 주로 대학생 복음 역사를 허락해 주시라는 것이었다.

3개월쯤 지났다. 둘 다 근무가 있는 날이면 나는 하루에 160킬로미터를 운전했다. 그런데 영 선교사님은 운전을 배우고 차를 사서 스스로 출퇴근하겠다는 생각은 하지 않았다. 내 차로 출퇴근하는 것을 당연하게 여기는 듯했다. 기름값도 은근히 부담되었고 체력적으로도 점점 지쳐갔다. 너무 피곤해서 얼굴이 퉁퉁 붓기도 했다. 그런 와중에도 계속 성경 말씀을 가르쳤고 주일 예배 설교를 준비했다. 하지만 나는 마음속으로 투덜거릴 뿐 입 밖으로 꺼내지는 않았다.

'아니, 도대체 나를 도우러 온 거야? 나한테 짐을 지우러 온 거야?'

나는 영 선교사님이 언제까지 나한테 기대어 직장 생활을 하려는 것인지 답답했다. 더 이상 이대로 갈 수는 없다는 판단이 들었다. 마침내 나는 최후의 통첩을 날렸다.

"운전을 배워서 면허증을 따고 차를 사서 스스로 출퇴근하도록 하세요. 3개월의 시간을 드릴 테니 그사이 그렇게 할 수 없으면 여기서 나가주세요."

나는 부드럽게 말하지 못하고 사무적으로 딱 잘라 말해버렸다. 그리고 뒷일은 하나님 손에 맡겼다.

다음날 아침 어색해진 우리는 서로 시선을 피했다. 하지만 좁은 공간에 있다보니 마냥 외면할 수는 없었다. 어쩔 수 없이 우리는 마주 보고 대화를 나누었다.

영 선교사님은 자신이 선교사로 미국에 왔기 때문에 여

기 남아서 함께 하나님을 섬겨야 한다고 말했다. 그리고 3개월 안에 운전면허증을 딴 뒤 차를 사겠다고 약속했다. 영 선교사님의 눈이 솔방울만큼 부어 있었고, 두 눈과 눈꺼풀이 벌겋게 충혈되어 있었다. 아마 밤새도록 소리없이 운 것 같았다. 영 선교사님은 부유한 집안에서 별 어려움 없이 자랐는데 나의 심한 말에 큰 상처를 받은 것 같았다.

그가 자존심을 굽히고 일생을 하나님을 위해 사는 새사람으로 마음을 굳힌 것임을 알 수 있었다. 우리 가운데 임하신 하나님의 은혜에 감사했다. 나는 더 이상 그의 짐을 지고 갈 수 없었고, 그로 인해 그는 밤새 울었던 것이다. 하나님께서는 이 일을 통해 우리 두 사람을 하나로 만드셨다.

영 선교사님이 운전 교습을 시작했다. 그리고 3개월이 채 되기 전에 차를 샀다. 그러니까 나는 6개월 가까이 하루 160킬로미터씩 운전하며 그와 나의 직장을 오가면서 출퇴근했던 것이다.

### 두 사람 또는 두세 사람이 한마음인 교회

이후 영 선교사님은 아주 딴사람이 되었다. 선교사로서 하나님을 섬기는 데 적극적으로 존재감을 드러냈다.

우리 둘은 직장에서 일주일간 휴가를 내어 반지하에서 창세기 강의를 열었다. 월요일부터 금요일까지 내가 영어로 설교하고, 영 선교사님은 매번 설교 내용에 맞는 그림을 그려 벽에 붙였다.

나는 같은 아파트에 사는 미국 학생들을 초청했는데, 매일 누군가 와서 강의를 들었다. 영 선교사님은 내가 하나님을 섬기는 일에 최선을 다하기를 바랐다. 어떤 때는 내가 압박감을 느끼기도 했다. 나는 나름대로 할 만큼 다하고 있는데, 대학생 선교를 하려면 더 잘해야 한다는 것이었다. 영 선교사님도 자신의 최선을 다했다.

진실로 다시 너희에게 이르노니 너희 중의 두 사람이 땅에서 합심하여 무엇이든지 구하면 하늘에 계신 내 아버지께서 그들을 위하여 이루게 하시리라. 두세 사람이 내 이름으로 모인 곳에는 나도 그들 중에 있느니라.

— 마태복음 18 : 19~20

예수님은 '두 사람'과 '두세 사람'을 언급하셨다. 두 사람 또는 두세 사람이 합심하는 일을 한다는 것은 말로 하면 매우 간단하다. 하지만 실제로 두 사람 또는 두세 사람이 합심하는 것은 결코 쉽지 않다. 몇 달이 걸릴 수도 있고 몇 년이 걸릴 수도 있다. 두 사람 또는 두세 사람이 합심하는 것은 그저 같은 공간에서 함께 지내는 것을 의미하지는 않는다. 서로 다른 사람이 하나님을 섬기기 위해 한마음이 되어 한뜻으로 연합하는 것을 뜻한다.

나는 차가 없을 때 1시간을 걸어서 일하러 갔고, 퇴근 후 1시간을 걸어서 반지하 집으로 돌아왔다. 자동차를 운전해서 나를 직장까지 데려다준 사람은 아무도 없었다. 나는 그렇게 살았으나 영 선교사님에게 나처럼 해야 한다고는 말하지 않았다. 영 선교사님이 편히 근무를 나갈 수 있도록, 그리고 하나님을 잘 섬길 수 있도록 나 자신을 낮추고 숨겼다. 그리고 영 선교사님도 자존심과 체면까지 감추면서 나의 요구를 들어주었다.

내가 6개월 동안 힘겹게 그를 도운 것은 하나님을 잘 섬기기 위해서였다. 영 선교사님이 나를 떠나지 않고 운전을 배워 차를 사기로 결심한 것도 하나님을 섬기기 위함이었다. 그렇게 해서 우리는 하나가 되었고, 두 사람은 함께 예수님 이름으로 나아가게 되었다.

우리 둘이 하나가 되는 데는 6개월이 걸렸다. 그 이후로 우리는 둘이 아니라 하나였다. 말 한마디 하지 않아도 나는 그의 마음을 읽었고, 그 또한 말없이 나의 마음을 훤히 들여다보았다. 우리 둘은 성경 공부를 함께 준비했고, 주일 예배를 함께 준비했고, 그리고 함께 기도했다.

그러나 많은 목회자나 선교사 들이 우리 두 사람처럼 하나가 되지 못했다. 많은 이들이 서로를 이해하지 못해 타협이 불가능한 상황을 맞아 마침내 헤어지게 된다. 헤어지고 나서 혼자 가는 것이 훨씬 쉽다. 혼자 하면 다투는 일도 없고 반대할 일도 없어 속상할 일도 없다. 많은 선교사들이 선교 일을 혼자 하는 것을 선호했다. 혼자서 열심히 개인 생활을 희생해 가면서 하나님을 섬겼다.

나는 마태복음 18장 19~20절을 수학적인 공식으로 풀어보았다.


혼자서 일할 때 : 1+0=1 (개인 생활을 희생하며 열심히 일
　　　　　　　　　한다. 피곤하다.)
둘이서 일할 때 : 1+1= 하늘에 계신 내 아버지께서 그들을
　　　　　　　　　위하여 이루게 하시리라. 나도 그들
　　　　　　　　　중에 있느니라.
　　　　　1+1 ≠ 2
　　　　　1+1 =하나님의 능력, 예수님의 임재하심.

## 베드로와 요한이 일할 때

나는 왜 하나님께서 '너희 두 사람' 그리고 '너희 두세 사람'과 일하시는지 알 수 없으나 하나님은 그렇게 일하신다.

열두 제자를 부르사 둘씩 둘씩 보내시며 더러운 귀신을 제어하는 권능을 주시고

— 마가복음 6 : 7

그 후에 주께서 따로 칠십 인을 세우사 친히 가시려는 각 동네와 각 지역으로 둘씩 앞서 보내시며

— 누가복음 10 : 1

예수님의 제자들은 예수님이 하시는 것을 잘 따라 했다. 나는 제자들이 혼자서 일하기보다 둘씩 일하는 것을 배웠을 거라고 생각한다. 베드로와 요한은 서로 일등을 하려고 견제하고 경쟁했다. 그러나 예수님의 죽음과 부활 후 땅끝까지 복음을 전해야 하는 사명 앞에서 자존심, 야망, 경쟁, 최고의 위치 따위는 그들 안중에 없었다. 베드로와 요한은 세계 전도의 임무를 다하기 위해 한마음이 되었다.

내가 교회 목사직에서 은퇴 준비를 할 때, 단 한 가지에

반지하

초점을 맞추었다. '너희 두 사람', '너희 두세 사람'이 한마음이 되는 것이었다. '너희 두 사람'에 기초를 둔 교회는 하나님의 능력을 가지고 있다. '너희 두세 사람'에 기초를 둔 교회는 예수님의 임재하심이 함께하는 교회다. 이는 10년에 걸쳐 매우 천천히 그러나 확실하게 나아가고 있었고, 마침내 결실을 맺었다.

우리 교회 형제자매님들은 하나님을 섬기기 위해 한마음을 가지고 있다. 그들은 말이 없어도 서로의 마음을 잘 안다. 하나님을 섬기기 위해 서로 격려한다. 그래서 나는 평안한 마음으로 은퇴할 수 있었다.

::

인간 문제의 최종 해결 방법은 서로 싸우고 죽이는 일인가?

레바논 내전을 피해 미국에 온 우리의 첫 성경 공부 대학생

지미는 끝내 전쟁고아 신세가 되어 캐나다로 떠났다.

반지하방 의자에 우두커니 앉아 있던 지미, 네가 그립구나.

# 6

## 그리운 지미

### 레바논에서 온 첫 번째 성경 공부 대학생

남자 대학생 1명이 성경 공부를 하겠다며 반지하로 찾아왔다. 그의 이름은 지미(가명)다.

지미는 레바논에서 왔다. 레바논에 내전이 일어나자 그의 부모는 5,000달러를 주며 아들을 미국으로 보냈다. 지미는 털리도대학교에 입학했고, 우리와 같은 아파트에 살았다. 며칠 전 성경 공부에 초청하면서 반지하방 호수를 알려주었더니 찾아온 것이었다.

지미는 우리 반지하방에 들어오면 항상 현관에서 1미터

쯤 되는 곳에 앉았다. 그 이상 안으로 들어온 적이 없었다. 한
국인 여자 2명이 사는 방이어서 그런지 늘 입구 쪽에 머물고
는 했다. 우리는 그 자리에 조그만 의자를 놓아두고는 그것을
'지미의 의자'라고 불렀다.

　나는 그에게 창세기 말씀을 가르쳤다. 그는 레바논에 있
는 여자 친구를 걱정했다. 자신이 성경 공부하는 것을 알면
화낼 거라고 했다. 아마도 그녀는 무슬림인 모양이었다. 지미
는 성경 공부가 없을 때도 가끔 문 안쪽에 놓인 자기 의자에
한참 앉아 있다가 돌아가고는 했다. 우리는 지미가 언제든지
들어올 수 있도록 아파트 문을 잠그지 않았다.

　하루는 지미가 자기 입술을 보여주었다. 입술 양끝이 헐
어 있었다. 그는 무슨 큰 병이 아닌지 걱정했으나 나는 비타
민C결핍증이라고 판단했다. 몇 달 동안 싱싱한 채소와 과일
을 먹지 못한 모양이었다. 나는 사과 한 봉지를 사서 건네주
었다. 며칠 뒤 지미가 와서는 입술을 내밀며 말끔히 나은 모
습을 보여주었다.

　어느 날 지미가 자신의 고민을 털어놓았다. 가져온 돈이
거의 떨어져 얼마 남지 않았다는 것이었다. 부모로부터 받은
5,000달러로 첫 학기를 등록금을 내고 아파트 집세를 치르
고 나니 막상 다음 학기가 걱정이었다. 그는 더 이상 대학에

서 공부하기 어려울 뿐더러 미국에서 학생 비자를 유지하기
도 힘든 형편이었다.

지미는 캐나다로 가겠다고 했다. 거기에 친구가 한 명 있
는데, 자신을 주유소 직원으로 일하게 해준다는 얘기였다. 캐
나다로 가려면 디트로이트에 있는 레바논 영사관에 가서 서
류를 받아야 했다.

## 지미의 두 가지 부탁

지미는 나에게 두 가지의 도움을 요청했다. 하나는 디트
로이트의 레바논 영사관까지 내 차로 운전해달라는 것이었
고, 다른 하나는 레바논 영사관에 가서 내가 자신의 여자 친
구인 척해달라는 것이었다. 그 이유는 레바논 남자들은 같은
남자에게는 거칠게 대하지만 여자한테는 호감을 사려고 친절
하고 점잖게 행동하기 때문이라고 했다. 그래서 자기 혼자 가
면 서류를 거절당할 수 있는데 여자인 내가 곁에 있으면 서류
를 쉽게 떼줄 거라고 했다. 사연을 들은 나는 두 가지 요청을
모두 들어주겠다고 승낙했다.

레바논 영사관에 가는 날, 나는 내가 가진 많지 않은 옷
중에서 가장 좋은 것을 골라 입었다. 그리고 지미와 함께 내

차로 디트로이트로 가서 레바논 영사관을 찾았다.

우리 둘은 다정한 연인처럼 사무실 안으로 들어갔다. 지미가 서류를 신청하는 동안 나는 의자에 다소곳이 앉아 있었다. 그것이 내가 맡은 역할이었다. 일은 순조롭게 진행되었고, 영사관 직원은 지미가 신청한 서류를 떼주었다.

나는 지미를 자동차 옆자리에 태우고 운전해서 털리도로 돌아왔다. 그는 아파트 위층의 자기 방으로 올라가고 나는 나의 반지하로 내려갔다. 그것이 내가 지미를 본 마지막 모습이었다. 아마도 무사히 캐나다로 넘어간 모양이었다. 그렇지 않다면 지미는 반지하방으로 와서 문 앞에 놓인 자기 의자에 앉아 있고는 했을 테니까.

우리는 레바논 내전에 관해 이야기하지 않았다. 왜 서로를 죽이는지, 누가 누구와 대립하고 싸우는지 말한 적이 없다. 우리는 종교, 즉 기독교와 이슬람교에 관해서도 대화를 나눈 적이 없다. 오로지 지미에게만 관심이 있었고, 지미만을 걱정했다. 전쟁이 아니었다면 지미는 자기 나라에서 부모와 같이 살면서 대학을 다녔을 것이다. 그러나 전쟁이 소중한 가족의 운명을 하루아침에 바꿔버렸다. 거센 물살에 휩쓸려 떠내려가는 한 조각 나뭇잎처럼 국제 고아가 된 지미는 전쟁이라는 급류에 휩싸여 정처 없이 떠내려가고 있었다.

하나님께서는 지미를 통해 우리에게 특별한 의미를 던져주셨다. 영 선교사님이 꿈 이야기를 들려주었다. 꿈속에 반지하방 문이 활짝 열리더니 지미가 얼굴에 환한 웃음을 띠며 들어왔고, 그 뒤를 따라 미국 대학생들이 들어오는데, 끝이 보이지 않더라고 했다. 지미는 장차 다가올 미국 대학생 선교의 전령이었다. 우리는 대학생 선교를 위해 기도해왔는데, 이미 지미에서부터 시작된 것이었다.

지미는 우리의 첫 번째 성경 공부 대학생이었다. 영 선교사님의 꿈을 통해 나는 하나님께서 대학생 선교 역사를 우리의 반지하에서 시작할 계획을 가지고 계심을 알았다. 이는 1년 반 뒤 내 미지의 남편에 의해 본격화되었다. 간호조무사로 일하는 영 선교사님이나 간호사로 일하는 나는 미국 대학생들의 영적인 지도자를 맡기에는 적합하지 않았던 것이다.

## 정말 믿기 어려운 인류의 미래

왜 전쟁은 지속적으로 일어나는가? 인간 문제의 최종적인 해결 방법은 진정 서로 싸우고 죽이는 일인가? 한쪽이 잘못하면 다른 한쪽은 피해를 입는다. 공정하게 잘잘못을 가리는 것이 해결책이다. 그러나 이 세상은 그렇지 못하다. 누가 잘못했고 누가 피해를 입었는지 별로 상관하지 않는다. 이 세상의 해결 방법은 한편이 다른 편을 죽일 때까지 싸우는 일이다. 죽이는 자가 승자, 죽은 자가 패자가 된다. 승자는 더 많은 사람을 죽이는 무기를 가진 자다. 죽이는 자가 승자다. 그것이 인간 문제의 해결 방법이다.

내가 어렸을 때 부모님은 늘 옳은 일을 하라고 가르치셨다. 옳은 일을 할 때는 승자가 되고, 옳지 않은 일을 할 때는 패자가 된다. 하지만 자라면서 죽이는 자가 승자가 되는 세상에 살고 있음을 알았다. 나는 아직도 우리 부모님의 가르침대로 실행함으로써 승자가 되는 가치관을 가지고 있다. 세상은 나를 바꿀 수 없다. 내가 그렇게 믿고 실행한다 해도 나는 전쟁을 막지 못한다. 그러나 하나님은 전쟁을 종식시킬 수 있다. 하나님만이 그렇게 하실 수 있다.

이사야에서 하나님께서는 정말 믿기 어려운 인류의 미래를 말씀하신다. 전쟁이 종식되고 이 세계 평화가 찾아오는 장면이다.

말일에 여호와의 전의 산이 모든 산꼭대기에 굳게 설 것이요, 모든 작은 산 위에 뛰어나리니 만방이 그리로 모여들 것이라. 많은 백성이 가며 이르기를 오라, 우리가 여호와의

산에 오르며 야곱의 하나님의 전에 이르자 그가 그의 길을 우리에게 가르치실 것이라 우리가 그 길로 행하리라 하리니 이는 율법이 시온에서부터 나올 것이요, 여호와의 말씀이 예루살렘에서부터 나올 것임이니라. 그가 열방 사이에 판단하시며 많은 백성을 판결하시리니 무리가 그들의 칼을 쳐서 보습을 만들고 그들의 창을 쳐서 낫을 만들 것이며 이 나라와 저 나라가 다시는 칼을 들고 서로 치지 아니하며 다시는 전쟁을 연습하지 아니하리라.

— 이사야 2 : 2~4

나라들이 하나님과 하나님의 가르침을 배울 것이다. 하나님께서 국제간의 문제를 정의로 판결하시고, 분쟁을 정의로 해결하실 것이다. 국제간의 문제는 더 이상 죽이는 것으로 해결되지 않고 정의로 해결될 것이다. 문제가 정의로 해결되기 때문에 전쟁이 필요 없고, 무기나 징집이 필요 없고, 남자들을 군인으로 훈련시킬 필요도 없다.

그때가 올 때까지 전쟁은 계속될 것이다. 전쟁은 귀한 아들과 딸 들의 운명을 하루아침에 바꿔놓는다.

지미, 모든 것이 잘되기를 바란다. 네가 그립구나.

::

하나님은 전능하신 힘으로 직접 나를 도우신다고 생각했다.

그러나 하나님이 나를 도우시는 또 다른 방법을 깨우쳤다.

다른 사람을 보내어 그가 나를 돕게 하시는 방법이었다.

우리는 노인의 도움으로 차를 몰고 무사히 출근할 수 있었다.

# 지금은 바로 11시!

## 강추위에 멈춰버린 자동차

겨울 폭풍우가 몰아쳤다. 눈보라보다 추운 기온이 더 문제였다. 영 선교사님과 내가 출근할 일이 걱정이었다. 아침 일찍 일어나 아파트 주차장으로 갔다. 아니나 다를까 차에 시동이 걸리지 않았다. 나는 자동차 긴급 서비스 회원으로서 도움을 받으려 했으나 요청 전화가 너무 많아서 3일 뒤에나 방문할 수 있다고 했다. 자동차 문제로 도움을 청할 수 있는 유일한 곳이 곧바로 올 수 없다니 난감했다. 이런 상황에서 어떻게 대처해야 할까 생각해보았다.

'최선을 다해서 어떻게든 자동차의 시동을 걸고 일하러 가도록 해야 한다. 그러나 끝내 시동이 걸리지 않으면 영 선교사님과 나는 빨리 직장에 알려서 근무 일정을 조정하도록 부탁해야 한다.'

나는 어떠한 이유든지 결근하는 것을 아주 싫어했다. 근무 일정은 나와 직장 사이의 계약이다. 직장에서는 내가 근무 시간표대로 일하러 나올 것을 기대하고, 나는 근무 시간표대로 일할 의무가 있다. 살아 있어서 몸을 움직일 수 있는 한 나는 근무를 나갔다. 영 선교사님과 나는 그날도 오후번 근무로 잡혀 있었다.

적어도 오전 11시까지는 출근을 할 수 있을지 없을지 결론이 나야 했다. 만약 출근할 수 없다면 규정상 업무 시작 2시간 전인 오후 1시까지 결근 사실을 통보해야 하는데, 나는 그 2시간 전보다 좀 더 빨리 알려주고 싶었다.

## 가장 강력한 영적 무기를 발명하다

당시 나는 가장 강력한 영적 무기를 발명했는데, 그것은 바로 매시간마다 기도하는 일이었다. 기도 모임으로는 한 달에 한 번 모이는 기도 모임, 일주일에 한 번 모이는 기도 모

반지하

임, 또 매일 모이는 기도 모임이 있었다. 그때까지는 매시간 마다 가지는 기도 모임은 없었다. 출근을 하느냐, 못 하느냐 하는 문제를 두고 나는 오전 7시, 8시, 9시, 10시, 11시에 기도를 하기로 결심했다.

이처럼 매시간 하는 기도는 내가 겪어본 가장 강력한 영적 무기가 되었다. 특히나 두 사람이 함께 매시간 하는 기도는 그야말로 영적인 원자폭탄이다. 금식할 필요도 없다. 그냥 잠자기 전까지 매시간마다 5~10분 기도하는 것이다. 매시간 기도는 그날 하루를 오롯이 기도에 바치게 된다.

> 진실로 다시 너희에게 이르노니 너희 중의 두 사람이 땅에서 합심하여 무엇이든지 구하면 하늘에 계신 내 아버지께서 그들을 위하여 이루게 하시리라. 두세 사람이 내 이름으로 모인 곳에는 나도 그들 중에 있느니라.
> — 마태복음 18 : 19~20

기도를 한 뒤 주차장으로 가서 자동차의 키를 돌렸다. 그러나 시동은 걸리지 않았다. 자동차에 대해 잘 모르지만 보닛을 열어 보았다. 강추위에 자동차 내부는 꽁꽁 얼어붙은 듯했으나 금속들은 반짝이고 있었다. 하나님은 자동차의 시동을 거실 능력이 있으리라 믿었다. 하나님의 능력이 저 금속들에 임하면 모든 부속품들이 일사분란하게 움직일 거라고 생각했다.

나는 혹시나 햇빛이 얼어붙은 엔진을 따뜻하게 덥혀서 하나님이 시동을 거실 때 도움이 될 수도 있지 않을까 싶어 보닛을 열어둔 채 반지하방으로 돌아왔다.

1시간 뒤 다시 자동차의 시동이 걸리게 해주십사고 간절히 기도한 뒤 주차장으로 가서 키를 꽂고 돌렸다. 그러나 여전히 시동은 걸리지 않았다. 나는 1시간마다 이 같은 일을 반복했다.

마지막 11시 기도는 좀 일찍 10시 45분에 시작했다. 왜냐하면 11시에는 근무를 갈 수 있는지 없는지 결단을 내리고 병원에 알려야 하기 때문에 그보다 좀 빨리 기도를 마친 다음 주차장에 가는 것으로 계산했던 것이다. 이번에도 시동이 걸리지 않으면 영 선교사님과 나는 근무를 나갈 수 없다고 직장에 통보하기로 작정했다.

그렇게 기도를 올린 뒤 주차장으로 가서 차에 키를 돌렸다. 웬걸, 무정하게도 시동은 걸리지 않았다. 나의 기도가 응답되지 않은 것이다.

반지하

## 하나님이 나를 도우시는 또 다른 방법

나는 싸늘한 자동차를 뒤로하고 아파트를 향해 터덜터 덜 걸었다. 한 남자가 열 걸음쯤 앞서 걷고 있었다. 그도 나와 같은 아파트로 향하는 것 같았다. 군인 재킷을 입고 등뒤에 붙은 후드를 머리에 뒤집어쓴 모습이었다. 이제껏 우리 아파 트에 살고 있는 군인을 본 적이 없었다. 나는 그가 누구인지 궁금했다. 잰걸음으로 쫓아가서 그를 앞지른 뒤 돌아서서 얼 굴을 보았다. 나이가 지긋한 백인 노인이었다. 그가 먼저 나 에게 물었다.

"차의 시동을 거는 데 어려움이 있나요?"

"네…."

나는 곧바로 대답했다. 그러자 그가 말했다.

"내가 도와주겠어."

그의 말에 깜짝 놀랐다. 아니 세상에, 어떻게 이 사람이 내 문제를 알고 있지? 노인은 곧장 몸을 돌려 주차장으로 향 했고, 나는 종종걸음으로 그 뒤를 따랐다. 그는 내 차가 어디 있는지도 알고 있었다.

군인 복장의 노인은 자기 차를 몰고 와서 내 차 바로 옆 에 세운 뒤 보닛을 열었다. 그리고는 점프 케이블을 꺼내서 자신의 차 배터리와 내 차 배터리를 연결했다. 그런 뒤 나더러 차 안에 들어가 시동을 걸어보라고 했다. 그가 시키는 대로 했는데도 시동은 걸리지 않았다. 그가 다시 키를 껐다가 켜보라고 했다. 그렇게 몇 번을 반복하자 나의 자동차는 시커먼 연기를 뿜으며 요란한 엔진 소리를 내뱉었다. 노인은 이전에 내가 무리하게 연료를 분출시켜 검은 연기가 뿜어져 나오는 거라고 설명해주었다.

차 운전석에 앉아 있던 나는 순간 그에게 소리쳤다.

"시계를 보세요! 11시입니다!"

그는 나의 고함 소리를 듣고는 내 차의 운전석 쪽으로 다가와 팔목을 내밀었다. 거기에는 커다란 손목시계가 차여 있었는데 시간은 11시 20초였다. 차의 엔진은 정확히 11시에 시동이 걸린 것이었다.

내가 하나님께 11시까지는 차의 시동이 걸리게 해달라고 기도하지 않았던가? 하나님은 내가 정한 그대로 실행하신 것이다. 나는 그 백인 노인에게 11시까지는 차의 시동이 걸릴 수 있도록 매시간마다 기도한 사실을 이야기했다.

내가 매시간마다 기도하고 있을 때 하나님은 이미 이 노인을 아파트 주차장으로 보내셨다. 하나님은 이 노인으로 하여금 내 차 근처에 있게 하셔서 내가 자동차 보닛을 열어놓고 있는 모습을 보게 하셨다. 그는 내가 자동차의 시동을 걸려고 시도하나 뜻을 이루지 못한 것을 보았을 터였다. 그러나 그때까지 노인은 나를 도와줄 생각은 하지 않았다. 내가 앞질러가서 자신의 얼굴을 돌아보자 도움을 요청하는 몸짓으로 받아들인 것이다.

이전에 나는 하나님이 나를 도우실 때면 전능하신 힘으로 직접 나를 도우신다고만 생각했다. 그러나 이 일을 통해 하나님이 나를 도우시는 또 다른 방법을 깨우쳤다. 하나님이 나를 도울 수 있는 사람을 보내어 그가 나를 돕게 하시는 방법이었다.

하나님은 한 번도 만난 적이 없는 노인을 보내어 나를 돕게 하셨다. 나는 이 사실을 매시간의 기도로 알게 되었다.

:: 

선교의 꿈을 실현하기 전에 불행한 일을 겪을 수도 있다.

내가 목사가 되었을 때, 이성과는 개별적으로

성경 공부 시간을 갖지 말라는 교회 규칙을 세웠다.

남자는 남자를 돕고, 여자는 여자를 돕게 했다.

# 음란 전화

## 성경 공부 하자고 전화번호 주었더니

영 선교사님과 둘이 반지하에서 성경 공부를 준비하던 어느 날이었다. 전화벨이 울렸다. 영 선교사님이 전화기를 들고 응답했다. 나는 조금 떨어진 곳에서 영 선교사님이 말하는 것을 듣고 있었다.

"그것이 무엇인지요?"

"단것이라고요?"

"아, 단것이라면 초콜릿입니다. 당신은 초콜릿을 원하십니다."

그러면서 영 선교사님은 난처한 표정을 지으며 전화기를 내게 건네주었다. 무슨 영문인지 모르는 나는 전화기에 대고 친절하게 물었다.

"무엇을 도와드릴까요?"

전화기 저편의 남자는 뭐라고 말했는데, 그 단어는 한 번도 들어본 적이 없었다. 나는 그에게 단어를 이해하지 못하겠으니 다시 한 번 정확히 알려달라고 했다. 그가 다시 말했으나 여전히 알아들을 수 없었다. 나는 전화기를 든 채 영 선교사님에게 영어사전을 달라고 부탁했다.

"제가 사전을 가져와서 그 단어의 뜻을 알아보려고 하니 전화를 끊지 말고 잠시만 기다려주세요."

전화기 저편의 미국 남자는 그러겠다고 대답했다. 영 선교사님이 영한사전을 가지고 와서 내 앞의 방바닥에 펼쳐놓았다. 나는 상대방 남자에게 단어의 스펠링을 또박또박 말해달라고 부탁했다. 그가 우리에게 무엇을 원하는지 정확히 알아서 도와주고 싶었다.

그가 말한 단어의 첫 글자는 'F'로 시작했다. 우리는 얼른 사전의 'F' 부분을 펼쳤다. 다음은 'L'이었다. 그가 불러준 단어는 'floozy'였다. 모르는 단어였는데, 미국 옛 속어로 '매춘부', '놀아나는 여자'라는 뜻이 있었다. 나는 곧바로 전화를 끊어버렸다.

그때까지 나는 '음란 전화'라는 말조차 들어본 적이 없었고 세상에 그런 것이 존재하는지도 몰랐다. 내가 아는 전화 통화란 상대방을 존중하는 마음으로 진지하고 정직하게 대화하는 것뿐이었다.

### "아냐, 난 네가 필요해"

그리고 몇 주일이 지났다. 벨이 울려서 나는 전화기를 들고는 여느 때처럼 "여보세요?"하고 말했다. 전화기 저편에서 남자가 숨을 가쁘게 몰아쉬면서 잘 알아들을 수 없는 말로 뭐라고 했다. 순간 나는 그가 심장마비를 일으켜 당장 도움이 필요한 위급 상황이라고 판단했다.

"도움이 필요하세요?"

그는 꺼져가는 목소리로 "네…"하고 대답했다. 나는 다시 물었다.

"어떻게 도와드릴까요?"

그가 말했다.

"이것이 커지고 있습니다."

순간적이었지만 심장마비에 따른 고통이 커지고 있다는

표현으로는 어쩐지 적절하지 않은 말이라는 생각이 스쳤다. 올바른 표현이라면 고통 따위가 점점 '심해지고 있다'고 해야 맞지 '커지고 있다'는 표현은 좀 이상하다는 느낌이었다. 그러나 한편으로 심장마비의 고통이 심장 속으로 점점 퍼지는 것을 상상했다. 심장의 고통이 커지고 있다면 대단히 위독한 상황 같았다.

나의 직업은 간호사였다. 나는 심장마비로 죽어가는 이 남자를 빨리 구조해야겠다고 판단했다. 그는 호흡 장애가 왔는지 숨소리가 거칠고 고르지 않았다. 더 이상 지체할 수 없었다. 어서 빨리 그를 구조해야 했다. 맨 처음 그는 앰뷸런스를 불러달라고 했어야 할 텐데 그런 부탁은 하지 않았다. 그래서 내가 물었다.

"앰뷸런스를 불러드릴까요?"

그 말에 그는 갑자기 완전 회복이 되었다. 숨을 정상적으로 쉬고 말도 정상적으로 했다.

"아냐, 난 네가 필요해."

나는 곧바로 전화를 끊었다.

전화기를 내려놓고 나서 나는 그가 누구인지 짐작이 갔다. 같은 아파트 위층에 사는 젊은 백인 남자가 틀림없었다. 그를 성경 공부에 초청하면서 우리 집 전화번호를 알려준 적

반지하

이 있었다.

　나는 누가 성경 공부에 응하고 누가 음란 전화로 대꾸할지 알지 못했다. 이곳은 미국이었다. 나는 요령껏 음란 전화를 분별하고 거기에 따라 대처해야 했다. 그래서 그런 전화가 또 걸려오면 상대할 대비를 했다. 내가 준비한 말은 "정신병원으로 가!"와 "경찰에 신고할 거야!"였다. 유선전화를 쓰던 당시는 발신자 번호를 알 수 없어 전화가 걸려오면 그냥 받는 수밖에 없었다.

## 독신 여성이 선교사로 해외에 나가는 일

　한 남자 대학생이 나를 귀찮게 했다. 하루는 성경 공부를 하기 위해 대학 기숙사 건물로 남학생을 찾아갔다. 그날 그와 나는 기숙사 방에서 성경 공부를 하기로 약속한 터였다. 여느 때는 그 학생이 반지하방으로 와서 공부했는데, 그날은 자신의 기숙사 방으로 와달라고 부탁했던 것이다.

　약속한 시간에 맞추어 기숙사 건물로 들어섰다. 그의 방은 2층에 있었다. 내가 아래층 로비에 있는데 남학생이 2층에서 내려다보며 나를 불렀다.

　"어이, 여기 좀 봐!"

학생은 난간에 서서 나를 내려다보고 있었다. 그런데 상체는 벌거벗은 채였고, 아래는 흰 타월을 걸친 모습이었다. 샤워를 하다가 나왔는지 머리는 젖어 있었고, 몸통에는 물방울이 송골송골 맺혀 있었다. 마치 자신의 육체미를 과시하는 듯했다. 성경 공부를 준비하는 학생이 아니라 마치 보디빌더 대회에 나가는 사람 같아 보였다.

당시 나는 남자의 근육 따위에는 관심이 없었다. 내가 남자를 보는 눈은 두뇌의 우수성과 그 마음속에 무엇이 들어 있는가에 중점을 두고 있었다. 나는 학생이 옷을 다 입을 때까지 밖에서 기다렸다.

기숙사 방문을 활짝 열어둔 채 성경 공부를 하기는 했지만, 나는 말씀 속으로 깊이 들어갈 수 없었다. 그 뒤 그 학생은 계속 반지하 교회에 나왔으나 영 선교사님과 나는 다소 거리를 두고 대했다.

그런 식의 엉뚱한 일을 겪고 나서 나는 결혼하지 않은 독신 여성이 선교사로서 해외에 나가는 것을 썩 권하지 않았다. 선교의 꿈을 실현하기 전에 자칫하면 불행한 일을 겪을 수도 있기 때문이다.

내가 결혼하기 위해 한국에 갔을 때, 남편에게 성경 공부 중에 겪은 두 남자 이야기를 들려주었다. 그리고 남편이 미국에 온 다음 그 두 남자를 쫓아버렸고, 그들은 두 번 다시 반지 하에 얼씬거리지 않았다. 마침내 나는 보호를 받으면서 안전함을 느꼈다.

이후 내가 목사가 되었을 때, 이성과는 개별적으로 성경 공부 시간을 갖지 말라는 교회 규칙을 세웠다. 남자는 남자를 돕고, 여자는 여자를 돕게 했다.

::

5달러를 가지고 결혼하러 미국에서 한국으로 갔는데,
하나님께서 택해주신 남편과 결혼도 하고, 돌아올 때는
10센트까지 들고 왔다. 하나님께서 내가 필요한 것들을
공급해주셔서 그 모든 것이 가능했다.

# 결혼

## 5달러 들고 결혼하러 한국으로

병원에서 간호사로 근무하랴, 성경 공부 진행하랴, 주일
예배 설교 준비하랴, 바쁜 나날을 보내고 있을 때였다. 교회
지도자로부터 전화가 걸려 왔다. 결혼하러 한국으로 오라는
전갈이었다. 그분은 내게 물었다.

"결혼할 형제님의 사진을 보내드릴까요?"

나는 대답했다.

"아뇨, 괜찮습니다. 사진 안 보내셔도 됩니다."

장차 결혼할 이의 사진을 거절한 이유는 내가 하나님을

믿기 때문이었다. 하나님께서 나에게 가장 적합한 사람을 택해서 보내주셨을 터였다. 나는 그렇게 믿었다.

하나님께서 이브를 아담에게 데려오셨다.[창세기 2 : 22] 하나님께서 리브가를 이삭에게 인도하셨다.[창세기 24 : 15] 그러므로 하나님께서 나를 위해 택하신 사람을 나에게 인도하실 것이었다.

그는 내가 장차 남편감으로 바라던 두 가지 조건을 충족시켰다. 첫째는 주님을 섬기는 하나님의 종이요, 둘째는 서울대학교에서 물리학을 전공할 정도로 명석한 사람이었다. 굳이 그의 사진을 볼 까닭이 없었다.

직장에서 2주간의 휴가를 받았다. 그즈음 성경 공부와 주일 예배 때문에 잠시의 여유 시간도 가질 수 없었다. 내가 자리를 비우는 동안 말씀 가르치는 일을 대신해줄 사람은 없었다. 나는 주일 예배를 꼭 한 번만 빠지면 되도록 월요일에 출발할 계획을 세웠다.

털리도에서 한국까지 곧장 날아가는 직항 노선은 없었다. 버스를 타고 7~8시간 걸려 시카고까지 가야 했다. 시카고 오헤어공항에서 김포공항으로 가는 비행기를 타는 항공편이었다. 나는 시카고 오헤어공항과 김포공항을 오가는 왕복 비행기표를 사고, 털리도에서 시카고를 오가는 왕복 버스표

반지하

를 샀다.

그런데 한국에 입고 갈 만한 옷이 없었다. 나는 미국에
와서 간호사복 외에는 새 옷을 사본 기억이 없었다. 옷가게
쇼윈도를 기웃거리지도 않았다. 헌 옷 가게에서 몸에 맞는 옷
을 몇 개 사서 같은 것만 계속 입었다.

길거리 노점에서 3달러를 주고 흰색 바탕에 빨간색 줄무
늬가 있는 티셔츠를 하나 샀다. 나는 그 티셔츠와 하얀 간호
사복 바지에다가 흰색 간호사 신발을 신고 한국에 가기로 마
음먹었다.

귀국할 준비를 마치고 나니 손 안에 5달러가 남아 있었
다. 결혼 비용이라고 따로 마련해둔 것이 없었으나 결혼 때문
에 굳이 돈을 꾸고 싶지는 않았다. 당장 돈이 없어 돈을 빌리
면 어떻게 갚나? 나중에도 갚기가 어려울 뿐더러 돈을 빌려
달라고 부탁할 만한 사람도 없었다.

'돈이 없으면 하지를 말라!'

이것이 내 생활의 규칙이었다. 그러나 나는 이 규칙을 내
결혼에 적용하지 않았다. 노처녀가 결혼하는 일에 그런 생활
의 규칙 정도는 무시하기로 했다.

나는 시외버스를 타고 7~8시간을 달려 시카고에 내렸
다. 비행기 출발까지 몇 시간의 여유가 있어 그사이 여자 선

교사님들이 사는 아파트에 들렀다. 그들은 나를 보고는 버럭 화를 냈다.

"아니, 이게 뭐예요? 지금 꼴이 마치 거지 같잖아요. 한국에 계시는 분들이 미국에서 거지가 왔다고 생각할 것 같아요. 선교사님 때문에 우리까지 거지 소리를 들을지 몰라요."

나는 생각했다.

'내가 그 정도로 험하게 보이나? 그래, 너희들은 한국 갈 때 곱게 꾸미고 멋있게 차려입으렴!'

아무튼 그들은 승용차로 나를 시카고 오헤어공항까지 데려다주었다.

### 에덴동산에서의 결혼

긴 비행 끝에 김포공항에 내렸다. 세관을 거쳐 공항 로비를 지나 출구로 나섰다. 교회의 형제자매님들이 마중 나와서 반갑게 맞아주었다. 그들 중에 꽃다발을 손에 들고 있는 한 형제님의 모습이 눈에 띄었다. 나는 곧바로 그 사람이 내가 결혼할 사람이라는 것을 알았다.

그는 한눈에도 깔끔하고 잘생겨 보였다. 손에 들고 있는 노란 꽃은 여느 집의 꽃밭이나 길가에서 흔히 볼 수 있는 메

리골드 같았다. 그런데 꺾은 지 오래되었는지 꽃송이마다 시들어서 고개를 푹 숙이고 있었고, 꽃을 싼 종이는 흔한 프린트 용지로 보였다.

나는 형제님이 그 꽃을 어떻게 가져왔는지 대충 알 것 같았다. 처음 만나는 여자에게 꽃이라도 건네고 싶은데 돈이 없다. 그래서 어느 집 꽃밭이나 길가에 핀 노란 꽃을 보고 몇 송이 꺾었다. 꺾은 꽃이 시들지 않게 하려면 잠깐이라도 물에 담궈놓아야 하는데, 그는 꽃을 곧바로 흰 종이로 감쌌다. 그래서 공항에서 나를 기다리는 동안 꽃들이 다 시들어버렸다. 꽃을 싼 종이는 어쩌면 교회에서 쓰는 것 중에서 한 장을 빼낸 것인지도 모른다.

아무튼 나는 그의 성의와 수고에 감사했고, 도무지 세련되지 않은 꽃다발 선물이 기쁘기만 했다. 나 자신도 단돈 5달러를 쥐고 간호사복 바지와 간호사 신발을 신고 왔으니 무엇을 재고 따질 일도 없었다.

차비가 없어서 목포의 고향집에 내려갈 수도 없었다. 당시 우리 집에는 전화가 없어 동네의 아는 약국에 연락을 해서 부모님이 전화를 받도록 부탁했다. 이웃 약국의 배려로 부모님과 통화할 수 있었고, 내가 결혼하러 서울에 왔음을 알렸다. 그 다음은 돈이 없어 아무것도 할 수 없었다. 그러나 나는 걱정하지 않았다.

나는 결혼을 하나님의 말씀으로 준비했다. 창세기 2장 18~25절의 에덴동산에서 있었던 결혼에 대해 공부했다. 내가 여러 번 다른 사람들을 위해 가르쳤으나 이번에는 나 자신을 위해, 나의 결혼을 위해 공부하게 되었다. 에덴동산은 낙원, 인간의 궁극적인 행복을 말한다. 낙원의 중심은 결혼이었다. 결혼은 얼마나 귀한 일인가! 나는 내 인생에 이처럼 귀한 행복을 받게 된 것이다.

> 여호와 하나님이 아담을 깊이 잠들게 하시니 잠들매 그가 그 갈빗대 하나를 취하고 살로 대신 채우시고 여호와 하나님이 아담에게서 취하신 그 갈빗대로 여자를 만드시고 그를 아담에게로 이끌어 오시니 아담이 이르되, 이는 내 뼈 중의 뼈요 살 중의 살이라 이것을 남자에게서 취하였은즉 여자라 부르리라 하니라.
>
> ─ 창세기 2 : 21~23

이것은 에덴동산에서의 첫 결혼이요, 가장 행복한 결혼이었다. 하나님께서 여자를 남자로부터 만드시고, 그 여자를 남자에게 데려오셨다. 남자는 여자를 자신의 일부로 받아들

반지하

였다. 아담과 이브의 결혼이 너무 아름다워서 나는 행복했다. 나도 내가 만들어진 그 남자를 곧 만나게 된다.

늦은 저녁에 나의 남자가 찾아왔다. 나는 그를 정면으로 쳐다볼 수 없어서 바닥만 내려다보았다. 그는 자기 자신과 가족에 관해 이야기하고, 하나님 안에서의 자기 믿음에 관해 말했다. 나는 듣기만 하고 한마디도 꺼내지 못했다. 그 이후로 그는 매일 저녁 나의 숙소로 찾아왔다. 사흘째 되는 날 함께 차를 마시러 밖으로 나갔다.

에덴동산에서 있었던 결혼은 그 후 변화되고 진화되고 상업화되고 부풀려졌다. 인간은 결혼을 아주 복잡하고 힘들게 만들어버렸다. 무슨 절차가 그리 많고 필요한 물품이 그리 많은지 돈 없는 사람은 결혼을 할 수도 없게 되어버렸다. 결혼식에 들어가는 비용만 해도 실로 엄청나다. 예식장, 예물, 새 가구와 살림살이, 웨딩드레스와 예복, 신랑 신부 화장, 꽃 장식, 리셉션, 식대, 리무진, 신혼여행….

그러면서도 인간은 결혼에서 하나님의 진리를 쏙 빼버렸다. 하나님의 진리가 없는 결혼은 예식에 아무리 많은 돈을 퍼부어도 오래가지 못하고 허물어지고 만다.

창세기 2장 18~25절의 말씀에는 행복한 결혼 생활에 대한 모든 원칙과 비밀이 적혀 있다. 낙원은 잃어버렸지만,

이 말씀에 적혀 있는 원칙을 결혼 생활에 적용하고, 그 진리에 따라 살면 남편과 아내는 행복한 결혼 생활을 영위할 수 있다. 결혼을 앞둔 모든 남자와 여자는 식을 올리기 전에 이 말씀을 공부하고 하나님께서 왜, 어떻게 에덴동산에 결혼이라는 것을 만드셨는지 알아야 한다. 나는 창세기의 이 말씀을 내 마음에 영접했다.

> 아담과 그의 아내 두 사람이 벌거벗었으나 부끄러워하지 아니하니라.
>
> — 창세기 2 : 25

이 말씀은 글자 그대로 벌거벗었다는 것을 말한다. 이는 또 두 사람 사이에 아무 비밀이 없다는 것을 뜻한다. 아내에게 모든 것을 말할 수 있는 남편, 남편에게 모든 것을 말할 수 있는 아내 사이를 말한다.

결혼 생활에서 비밀은 남편과 아내 사이에 보이지 않는 벽을 만든다. 그들은 한 몸을 이룰 수 없다.[창세기 2 : 24] 그런 결혼 생활은 결국 파멸에 이른다. 나는 나와 남편 사이에 비밀이 없는 결혼 생활을 하기로 결심했다. 나의 결혼 생활에는 아무런 비밀이 없을 것이다.

반지하

## 소박한 결혼과 이상한 결혼 선물

가족들이 목포에서 서울로 올라왔다. 언니가 7년 동안 저축한 통장을 나의 결혼 비용으로 가져왔다. 아버지의 새 양복, 어머니의 새 한복, 그리고 온 가족의 왕복 기차표 등 경비를 제외하고 나머지를 내게 주었다.

나는 언니가 준 돈으로 이틀 동안 결혼 준비를 했다. 동대문시장에 가서 원피스 한 벌과 신발 한 켤레, 그리고 모자 하나를 샀다. 날씨가 너무 더워 신혼여행 가서 모자는 써야 할 것 같았다.

동대문시장에서 사 온 옷으로 갈아입자 외모가 완전히 달라 보였다. 신랑도 나의 그런 모습을 좋아했다. 그는 내가 영화 〈사운드 오브 뮤직〉에 나오는 여배우 줄리 앤드류스 같다고 말했다. 물론 그녀는 키 큰 백인이고 나는 작은 동양인인데 비슷할 수조차 없겠으나 듣기 싫지는 않았다. 줄리 앤드류스가 맡았던 영화 속 주인공 마리아와 성격이 닮아 보인다는 얘기였다.

나는 시댁 식구들에게 줄 선물을 사고, 결혼 예물로 남편에게 줄 시계도 샀다. 웨딩드레스는 하루 빌려 입었다. 결혼 날짜는 기억하지 못하는데, 1976년 8월 셋째 주 목요일로만 알고 있다.

우리 두 사람은 교회에서 형제자매님들의 찬송과 기도와 축복 가운데 결혼했다. 형제자매님들이 교회 내부를 아름답게 장식해주었다. 나는 그들의 사랑과 수고에 지금도 깊이 감사 드린다.

교회 지도자들은 결혼 선물로 6~7권의 책을 주었다. 나는 이때까지도 결혼 선물을 모두 책으로 주는 경우를 본 적이 없다. 대개 축하하는 뜻을 전하기 위해 축의금을 건네게 된다. 나 또한 누구의 결혼 선물로 책을 준 적은 없다. 그들도 자기 결혼식 때 책을 선물로 받았을까? 그들은 아들딸의 결혼식 때 책을 선물로 받고 싶을까? 교회 지도자들이 모두 책을 선물하다니, 어쩌면 그러한 지시나 합의가 있었을지도 모를 일이었다.

결혼 선물로 들어온 책들이 어떤 메시지를 던지는 것 같았다. 마음으로 그 메시지가 느껴졌다.

'너는 이 이상을 받을 자격이 없어!'

어쩌면 이전에 내가 마음대로 뉴욕을 떠났기에 그럴지도 모르겠다는 생각이 들었다.

여행 가방은 바퀴 없이 어깨에 매는 것이었다. 나는 무거운 책들을 여행 가방에 넣고는 서울에서 털리도까지 가져갔다. 누가 어떤 책을 주었는지 알지도 못했고, 책장을 펼쳐 보지도 않았다. 반지하방 어딘가에 밀쳐두었는데, 언제 어디로 사라졌는지조차 모른다.

## 속리산 신혼여행에서 생긴 일

결혼식이 끝난 뒤 형제자매님들은 식당으로 향했고, 우리 두 사람은 속리산으로 신혼여행을 떠났다. 시외버스 터미널에서 버스를 타고 속리산까지 달려갔다.

호텔에 도착해서 체크인한 뒤 방에 들어갔다. 나는 남편에게 가지고 있는 돈을 모두 침대 위에 꺼내놓으라고 했다. 나도 내가 가진 돈을 모두 침대 위에 꺼내놓았다. 그러고는 우리의 돈을 모아 세어보았다. 2박 3일간의 신혼 여행 경비와 앞으로 꼭 써야 할 비용까지 계산했다.

먼저 내가 미국으로 돌아갈 때 필요한 용돈을 뺀 뒤 신혼여행 기념 선물 비용으로 조금 떼어놓았다. 그리고 남은 돈을 헤아려보니 한 끼 정도는 식당 밥을 먹을 수 있고 나머지 끼니는 국수나 라면으로 때워야 할 것 같았다. 신혼여행 가서 끼니를 굶었다는 말을 들은 적이 없었다. 내가 그렇게 꼼꼼히 계산하지 않았더라면 우리는 신혼여행 가서 끼니를 거른 첫 번째 케이스가 될 뻔했다.

이튿날 아침, 우리는 호텔 밖으로 나왔다. 길가 모퉁이에 자전거를 대여해주는 할아버지가 보였다. 남편은 자전거 1대를 1시간 동안 빌렸다. 나는 자전거의 조그만 뒷자리에 앉아 남편의 등을 붙잡았다. 울퉁불퉁한 시골길을 달리는데, 두 사람의 무게 때문에 혹시나 자전거 타이어가 터지지나 않을까 염려스러워 마냥 신나지는 않았다. 만일 타이어가 펑크 나면 물어줄 돈이 없었기 때문이었다. 무사히 1시간의 자전거 드라이브를 마치고 자전거를 돌려주었을 때야 안도의 숨을 내쉴 수 있었다.

신혼부부들을 위한 사진사들이 카메라를 메고 손님을 부르고 있었다. 그러나 우리는 돈이 없어 신혼여행 사진을 찍지 못했다. 그래서 신혼여행 사진이 한 장도 없다.

우리 두 사람은 속리산 정상을 향해 걷기 시작했다. 나는 서너 걸음 떨어져 남편의 뒤를 따라 돌멩이가 널린 산길을 걸었다. 찌는 듯 무더운 날씨에 그늘 하나 없었다. 무엇을 하든지 돈이 들어가게 마련인데 산길을 따라 올라가는 것은 따로 돈이 들지 않았다. 산 정상을 향해 얼마나 걸었을까? 남편은 방향을 바꾸어 하산하기 시작했다.

산을 내려와서 우리는 저녁을 먹으러 식당으로 갔다. 신혼여행 중 단 한 끼 먹게 되는 산채백반! 산과 들에서 캐 온 각종 채소 무침과 버섯 요리는 신선하고 맛있었다.

그날 나는 하고 싶었던 말을 남편에게 했다. 남편은 감성이 풍부한 시인이었다. 고등학생 때부터 대학 시절까지 문예 백일장에 여러 차례 수상 경력이 있었다. 나는 정반대였다. 시와 시인을 좋아하지 않았다. 앞으로 자신이 쓴 시를 내가 읽고, 자기 세계를 이해하기 바란다면 어쩌나 내심 걱정했다. 알지도 못하면서 아는 척해야 하나? 아니면 아예 시와 시인을 싫어한다고 말해야 하나? 마음속으로 그런 물음을 거듭했다. 마침내 나의 취향을 분명히 밝히기로 작정했다.

"저는 시와 시인을 싫어합니다. 시를 쓰시면 혼자 간직하시고 저더러 읽어보라고 하지 말아주세요."

남편은 말없이 듣기만 했다. 사실 시와 시인을 싫어하게 된 동기가 있었다. 초등학생 때 시의 비유와 은유에 관한 시험 문제를 놓고 선생님과 논쟁을 벌인 것이 첫 번째 이유였다. 나의 해석이 맞는데도 선생님은 아니라며 꾸짖었고, 그렇듯 불분명한 사안을 다루는 것이 시라면 더 이상 상대하고 싶지 않았다. 그리고 또 한 가지는 소녀 시절에 본 영화 〈닥터 지바고〉 때문이었다. 의사이면서 시인인 지바고가 아내를 두고 라라와 바람을 피우는 모습도 마음에 안 들었다.

## 가난한 결혼 이야기를 쓴 이유

신혼여행에서 서울로 돌아온 뒤 나는 주한 미대사관에 가서 혼인신고를 하려 했다. 호적초본이 필요했는데, 부산에 계신 작은아버지께서 서류를 잘못 떼서 보내셨다. 남편이 급히 기차를 타고 부산에 가서 다시 서류를 만들어서 그 다음날 서울로 돌아왔다.

출국 하루 전에야 미대사관에 가서 혼인신고를 했는데, 접수비라는 생각지도 못한 지출이 있었다. 주머니를 탈탈 털고 나니 손안에 남은 것은 10센트. 나는 그 10센트로 혼자 서울에서 시카고로, 다시 털리도까지 가야 했다. 남편은 정리를 마치는 대로 미국에서 합류하기로 했다. 나 혼자 달랑 10센트를 들고 미국의 집까지 갈 수 있을까? 다행히 돌아가는 비행기표와 버스 승차권은 가지고 있었다.

이튿날 김포공항을 떠난 비행기는 시카고 오헤어공항에 무사히 도착했다. 털리도로 가는 버스 출발 때까지 두어 시간 여유가 있어서 그곳 선교사님 집에 들러 이야기를 나누었다.

해가 지고 어둑해졌을 때 버스를 탔는데, 중간에 간간이 멈추면서 밤길을 7~8시간 달렸다. 버스를 타고 가는 도중 배가 너무 고팠다. 생각해보니 마지막으로 음식을 먹은 것이 비

반지하

행기 안의 기내식이었다. 그 뒤 아무것도 먹지 못한 것이었다. 동전이라도 얼마 있으면 버스가 휴게소에 멈추었을 때 간단히 요기를 할 수 있었을 텐데 10센트, 그러니까 100원 정도로 살 수 있는 것은 아무것도 없었다.

버스 뒷자리에 독일인 몇 명이 타고 있었다. 쿠키를 먹고 있었는데, 나는 몸을 돌려 그 가운데 한 여성에게 말했다.

"Ich bin hunger."

그녀는 쿠키 2개를 건네주었다. 엉터리 독일어로 말했으나 내 말을 알아들었다. 그걸로 간신히 허기를 달랬다.

나는 5달러를 가지고 결혼하러 미국에서 한국으로 갔는데, 하나님께서 택해주신 남편과 결혼도 하고, 돌아올 때는 10센트까지 들고 왔다. 하나님께서 내가 필요한 것들을 공급해주셔서 그 모든 일이 가능했다.

나의 결혼 이야기는 별로 즐겁지 않고 구차스럽기도 해서 쓸까 말까 망설였는데, 결혼을 앞두고 결혼 비용이 빠듯해 고민할 이들이 얼핏 떠올랐다. 그들에게 다소 위로가 되지 않을까 생각되어 결혼 이야기를 쓰기로 결정했다.

::

복음 역사의 시작은 하나님의 마음에서 비롯한다.

하나님의 마음이 감동받으셨을 때 하나님은 결정하신다.

그 결정을 적합한 시기에, 적합한 사람을 통해 이루신다.

흔히 우리가 하는 방식으로 이루어지는 것이 아니다.

# 미국 대학생 복음 역사

## 남자와 여자

한국에서 결혼식을 올린 뒤 곧바로 텍사스주 털리도로 돌아왔다. 나는 다시 간호사 일을 하면서 성경 공부와 주일 예배에 몰두했다.

한국에서 4명의 여자 선교사님이 도착했다. 모두 결혼하신 분들이었고, 한국에서 남편들이 오기를 기다리는 형편이었다. 나의 반지하 아파트는 잠시 사람들로 붐볐으나 모두 곧 아파트를 구해 이사 나갔다.

나는 해오던 일로 몹시 바빴다. 간호사로 풀타임 근무,

성경 공부, 주일 예배 설교…. 교인의 수가 늘어나자 크고 작은 문제에 부딪히기도 했다. 여러 가지 일을 혼자서 감당하려다 보니 간신히 버티고 있는 입장이었다. 리더십의 부족을 느끼기 시작했다.

나는 교회가 커나가기를 바랐으나 정작 교회가 성장하기 시작하자 할 일이 너무 많아서 감당하기가 버거워 한계를 느꼈다. 보통 사람은 직장 일 하나도 힘들어 한다. 그러나 나는 풀타임 간호사로 일하면서 풀타임 목사의 일을 동시에 하고 있었다.

에덴동산에서 하나님은 남자를 만드시고 그곳에서 일하게 하셨다. 남자는 전체를 보는 안목이 있어서 무엇을 해야 하는지를 잘 안다. 하나님은 여자를 남자의 동역자로 만드셨다. 여자는 섬세하고 예민하고 구체적이다. 큰 그림을 그리면서 일하는 남자가 놓치기 쉬운 부분을 여자가 세밀하게 도울 수 있다. 남자는 큰 스케일로 일하는 타입이고, 여자는 작지만 섬세하게 일하는 스타일이다.

이 사실을 마음에 절실히 느끼고 있었다. 나는 여자로, 남자의 동역자로 창조되었는데 남자가 하는 일을 하고 있었다. 이 문제는 남편이 한국에서 와서 남자로서 할 일을 하고, 나는 여자로서 그를 돕는 일을 할 때 바로잡아질 것이다. 남

편이 얼른 미국으로 와서 교회를 맡게 되기를 기다렸다. 그러
나 남편은 1년이 지나서야 도착했다.

털리도에 온 남편이 어느 크리스천 모임에 간 일이 있었
다. 그곳에서 한 미국 청년을 알게 되어 반지하로 초청했다.
그는 하나님이 우리 반지하 교회와 함께하심을 확신한다며
좋아했다.

그가 대학생 친구들을 데려왔고, 남편은 말씀을 가르치
면서 그들을 성경 선생으로 키우는 데 전념했다. 남편은 그들
의 친구가 되어 말을 들어주려고 애썼고, 나 또한 여대생들에
게 정성껏 성경 말씀을 가르쳤다. 여자 선교사님들도 각자 미
국 대학생들에게 열과 성을 다했다.

### 반지하를 찾는 귀한 젊은이들

우리 교회의 구성원 구조가 한국인에서 미국 대학생으
로 바뀌고 있었다. 나이가 좀 든 한국인 아저씨, 아주머니들
은 떠나고 대신 젊은 한국인 청년들이 남아서 미국 대학생 복
음 역사에 적응해 나갔다.

아파트 반지하방에 가구라고는 책상 1개에 의자 2개가
전부였는데 이제는 책상이 3개로 늘었다. 그래서 3팀이 동시

에 성경 공부를 할 수 있게 되었다. 그러나 아직 다른 가구는 아무것도 없었다. 학생들은 카페트가 깔린 방바닥에 앉아 쉬기도 하고 누워서 자기도 했다.

반지하는 방이 달랑 하나이기 때문에 식사 때는 우리 가족만 먹을 수 없어 여러 학생들과 같이 음식을 나누었다. 거의 매일 저녁식사 때는 함께 먹는 사람들이 있었다. 대부분의 교회가 평일에는 문을 닫고 주말만 여는 데 반해 우리의 반지하는 누구나 언제든지 올 수 있는 열린 공간이었다. 우리는 아파트 현관문을 잠그지 않았다.

어느 날 누군가 문을 두드리는 소리에 남편과 내가 잠에서 깼다. 학생이었는데 남편과 할 이야기가 있다고 해서 불을 켠 뒤 안으로 들어오라고 했다. 남편은 자다 말고 그의 이야기를 들어주었다. 나는 불빛을 피해 벽을 보고 누워 다시 잠을 청했다. 그날 이후 나는 잠옷 대신 평상복 차림으로 잠자리에 드는 습관이 생겼다. 언제 들이닥칠지 모르는 남에게 잠옷 차림을 보이고 싶지 않아서였다.

어느 일요일, 반지하에서 남편의 설교로 주일 예배를 보고 있었다. 나는 의자에 앉아서 예배를 드렸다. 왼쪽으로 고개를 돌렸는데, 창밖 잔디밭 위에서 젊은 남녀가 서로 껴안고 뒹구는 모습이 보였다. 의자에 앉은 나의 눈높이가 창밖 잔디밭 지면과 같아서 고개만 살짝 돌렸을 뿐이었다. 얼른 고개를 설교하는 남편 쪽으로 돌렸으나 창밖 풍경이 궁금했다. 곁눈질로 슬쩍 보니 두 몸이 하나가 되어 이리저리 잔디밭을 뒹굴고 있었다. 아마 나뿐만 아니라 예배에 참석한 다른 학생들도 그 모습을 보았을 것 같았다. 그날 설교 말씀은 귀에 들어오지 않았고, 껴안고 뒹구는 커플의 모습만 강렬한 영상처럼 마음에 새겨졌다.

열악한 환경 가운데서도 하나님의 진리를 추구하는 우리 학생들에게 깊이 감사했다. 대학 주변에서 마약을 팔고 사는 장면도 목격했다. 어린 소녀들이 임신하고 아기를 낳았다. 반지하 교회를 찾은 학생들은 하나님의 말씀과 기도에 전념했다. 자신의 생애를 하나님께 드리기로 결단한 젊은이들이었다. 그들은 쾌락의 생활 대신 반지하에 와서 주일 예배를 드리고 하나님을 찬양하는 참 귀한 젊은이들이었다.

### 이층집에서 다시 단독주택으로

첫딸이 태어났다. 한 학생이 반지하에 머물기를 좋아해서 밤이 늦었는데도 돌아가지 않았다. 우리는 방 한가운데 양쪽 벽에 못을 박고 커튼처럼 홑이불을 걸쳤다. 그 홑이불 이

쪽에는 남편과 나와 갓난아기가 자고, 저쪽에는 학생이 카페트 위에 담요를 깔고 잤다. 남편은 나에게 말했다.

"저 아이의 집은 큰 저택이야. 자기 집을 두고 왜 여기 와서 찬 방바닥에서 자려는지 모르겠어."

우리의 미국 학생들은 자신이 지은 죄를 회개하고 성경 선생으로서 새로운 삶을 살았다. 그들은 다른 학생에게 말씀을 가르치기 시작했다. 우리는 반지하에서 3년을 살았다. 교회가 커지고 학생 수가 늘어 좀 더 넓은 곳으로 옮길 필요가 있었다. 교회 재정으로는 아직 적당한 장소를 찾아 자립해서 나갈 만한 경제력이 없었다.

새로운 장소를 임대해서 우리 가족과 교회가 당분간 함께 있을 수밖에 없었다. 우리는 침실이 2개인 이층집을 빌렸다. 반지하보다 공간이 훨씬 넓어서 좋았다. 방 하나를 우리 가족이 따로 쓸 수 있었다. 그러나 2층에서 발생하는 소음 때문에 아래층 사람이 몹시 싫어했다.

한번은 크리스마스 예배를 준비하느라고 캐롤 합창을 연습할 때였다. 누가 문을 두드려 열어보니 경찰이었다. 아래층 사람이 층간 소음으로 경찰에 신고한 것이었다. 경찰은 우리에게 앞으로 시끄럽게 하지 말라고 주의를 주면서 "만약 같은 일로 내가 다시 오게 되면 당신들은 다운타운에 가게 될

겁니다"라고 경고했다. 그가 말한 '다운타운downtown'이란 감옥을 뜻했다. 나는 합창 연습을 그만두기를 바랐으나 경찰이 돌아간 뒤 남편은 학생들과 캐롤 부르기를 계속했다. 이상하게도 경찰은 다시 오지 않았다.

어느 날 또다시 경찰이 출동했다. 우리 방 쪽에서 누군가 자꾸 "살려달라"고 외친다는 신고가 들어왔다는 것이었다. 알고 보니 사연은 이랬다.

한 방에서 형제님이 자기 방식으로 기도를 했다. 그는 "Help!" 하고 크게 외친 다음 속삭이듯이 낮은 목소리로 기도하고, 다시 "Help!" 하고 크게 외친 뒤 나직이 기도하기를 반복했다. 그러니 아래층에서는 "Help!" 하는 소리만 들릴 수밖에 없었다. 우리는 경찰에게 한 형제가 기도하고 있었는데 하나님께 도움을 요청하고 있었다고 설명했다.

대학생 성경 공부 선생들은 또 다른 대학생들을 성경 공부 선생으로 키워 나갔다. 학생 수가 점점 늘어나서 아파트 임대 계약이 끝나면 더 넓은 장소로 옮겨야 할 형편이었다. 그러나 아직은 교회가 경제적으로 자립하기가 어려워 우리 가족과 교회는 함께 움직일 수밖에 없었다.

이번에는 규모가 좀 큰 단독주택을 임대했다. 부유한 동네에 자리한 집이었다.

우리 집 주변에는 늘 학생들의 고물 자동차가 10여 대 늘어서 있고는 했다. 대부분이 폐차 직전의 낡은 차들이었다. 부자 동네와는 어울리지 않는 풍경이었다.

주민들은 변호사를 고용해 눈엣가시 같은 우리를 고소할 거라는 말을 들었다. 하는 수 없이 임대 기간이 끝나기도 전에 다시 이사를 가야 했다. 남편은 교회를 위해 아예 건물을 사는 것이 낫겠다고 생각했다.

### 마침내 마련한 우리 집과 교회 건물

대학교 근처에 있는 삼층집을 찾았다. 주위에 넓은 공터가 있어서 학생들의 주차도 수월할 것 같았다.

나는 직접 관여하지 않아 자세히는 모르지만, 교회에서 얼마 간의 선금을 지불하고 계약했다. 그다음 2년 동안 다달이 임대료를 냈는데, 그 비용은 매매 대금의 원금으로 계산되었다. 2년 뒤에는 현금으로 나머지 잔액을 치르는 부동산 매매 계약이었다.

그렇게 해서 교회는 그 삼층집을 사들였고, 우리는 이웃과 법적인 문제에 휘말리기 전 부자 동네에서 이사 나왔다. 삼층집은 교회에서 산 것이어서 우리 가족은 매달 교회에다 월세를 냈다.

마침내 교회는 마음 편할 수 있었다. 주변에 집들이 없어 마음껏 찬송하고 큰소리로 기도해도 괜찮았다.

그러나 살아가면서 미처 생각하지 못한 문제가 불거졌다. 건물이 3~4도 기울어져 있는 것이었다. 돈을 절약하려고 계약 전에 건물의 안전도 평가를 하지 않았던 것이다. 사전에 안전도 평가를 했더라면 문제를 미리 발견하고 매입하지 않았을 터였다. 위험한 건물이라고 판단한 뒤 선금을 포기하고 계약을 취소했다.

또다시 이사 갈 곳을 찾아야 했다. 삼층집에서 2년 남짓 살았다. 다달이 월세를 지불한 세입자 입장이었는데, 한국 선교사님들은 교회에 금전적인 손해를 끼쳤다며 남편을 불신하게 되었다.

그 무렵 우리 가정은 교회와 분리해 따로 셋집을 얻어 나왔다. 그리고 1년 뒤 마침내 우리 집을 마련했다. 뒤돌아보니 우리 집을 갖기까지 일곱 번을 이사 다녔다.

교회 건물 문제를 해결해야 하는 남편은 주차장이 딸린 빈 창고 건물 하나를 찾았다. 200명 정도 수용할 수 있는 규모인데, 너무 낡아서 당장은 사람이 들어가 살 수 없었다. 천장 여기저기가 뚫려 비가 오면 양동이로 빗물을 받아야 할 형편이었다.

남편은 그 창고를 수리하면 교회로 잘 쓸 수 있을 것으로 판단했다. 털리도대학교에서 아주 가까웠고 주차 공간도 넉넉했다.

매입 가격은 3만 달러로 무척 싼 편이었다. 그 창고 건물을 사려면 10퍼센트인 3,000달러를 선금으로 내야 했다. 3,000달러면 땅과 창고를 우선 매입할 수 있었다.

그러나 문제가 아주 없는 것은 아니었다. 어떤 한국 선교 사님은 지난번 삼층집을 사려다가 결과적으로 손해를 보게 되었던 과거 일을 상기하면서 3,000달러를 모으는 일을 거부하기도 했다.

어려움에 처한 남편은 단 1대뿐인 우리의 차를 팔자고 말했다. 나는 내가 근무하는 병원의 직원 사보에 중고차를 팔겠다는 광고를 냈다. 곧바로 동료 중 한 사람이 우리 차를 사갔다. 남편은 3,000달러를 맞추어 그 창고 건물과 땅의 매매 계약을 성사시켰다.

우리 교회의 미국인 형제님들은 집 고치는 데 일가견이 있었다.

미국인 형제님들은 지붕 위로 올라가 헌 지붕을 걷어내고 새 지붕으로 깔았다. 마침내 번듯한 교회 건물이 우뚝 서게 되었다. 반지하에서 시작해서 독립된 교회 건물을 마련하기까지 14년 반이 걸렸다.

## 하나님의 마음에서 비롯하는 복음 역사

선교사님들은 남편이 미국 대학생 선교 역사를 이룬 비결에 대해 알고 싶어 했다.

어떻게 시작했나?

무엇을 했나?

비결이 무엇인가?

그 답은 사무엘하 7장 1~16절 말씀에 있다.

다윗왕이 백향목으로 지은 호화로운 궁궐에 살 때, 자신은 좋은 곳에 사는데 하나님은 천막 생활을 하시는 것이 마음에 걸렸다. 다윗왕은 하나님께 집을 지어드려서 편히 지내시도록 하고 싶었다. 그날밤 하나님께서 나단 선지자에게 오셔서 자신의 심정을 말씀하셨다. 하나님은 다윗왕의 배려에 깊이 감동하셨다.

하나님은 천막에서 지내면서도 이스라엘 사람 어느 누

구에게 집을 지어달라고 말하지 않으셨다. 이스라엘 사람들은 궁궐이나 호화 저택에 살면서 천막 생활을 하시는 하나님을 생각하지 않았다. 오직 다윗왕만이 천막에서 지내시는 하나님을 마음에 걸려 했다. 하나님은 그런 다윗왕의 사랑을 높이 샀다.

하나님은 집을 지어 드리겠다는 다윗왕의 청을 받아들이셨다. 그러나 하나님은 다윗왕이 직접 나서서 집 짓는 것을 원하지 않으셨다. 전사로서 많은 전쟁을 치르며 너무 많은 피를 흘리게 했기에 하나님의 집을 짓는 자로서 적합하지 않았던 것이다.[역대상 28 : 3]

하나님은 집 짓는 사람으로 솔로몬을 택하셨는데, 솔로몬은 아직 태어나지도 않은 때였다.[사무엘하 7 : 13] 언제 하나님의 집 짓기를 결정했는지 모르나, 그 20~30년 뒤 솔로몬이 성전을 짓기 시작한 것 같다.

그래서 솔로몬은 성전을 지었다.

그는 어떻게 시작했나?

그는 무엇을 했나?

그 비결이 무엇인가?

반지하

성전 짓는 것은 솔로몬이 태어나기 전에 이미 정해졌는데, 그것은 하나님의 결정이었다. 성전 짓는 일은 하나님과 다윗왕 사이에서 결정되었다. 다윗왕의 사랑에 하나님의 마음이 감동되어 결정된 것이었다.

### 무엇에 하나님의 마음이 감동하셨나?

내가 여기에서 말하고 싶은 것은 이렇다. 털리도에서 일어난 미국 대학생 선교 역사는 남편이 털리도에 도착하기 전에, 그러니까 내가 그와 결혼하기 이전에 하나님께서 이미 결정하셨다는 점이다.

하나님은 자신의 결정을 영 선교사님의 꿈에 나타내셨다. 영 선교사님과 나는 이미 대학생 선교 역사가 일어날 것을 알고 있었다.

그러나 우리 둘이 아닌 다른 적합한 사람을 통해 실현될 것이었다. 나는 풀타임으로 일하는 간호사였고, 영 선교사님은 풀타임으로 일하는 간호조무사였다. 우리는 미국 대학 학생들의 영적인 지도자가 되기에 적합하지 않았다. 다윗왕이 성전 짓기에 적합하지 않았던 것처럼.

무엇에 하나님의 마음이 감동해서 우리 가운데 대학생

복음 역사를 주시기로 결정하셨나?

내가 눈길 교통사고로 병원에서 퇴원하자마자 왼발로 운전해서 성경 공부하러 갈 때였을까? 내가 아침, 점심, 저녁 식사를 잊어버리고 종일 말씀을 가르칠 때였을까? 아니면 영 선교사님과 내가 밤마다 새벽 1시까지 캠퍼스 복음 역사를 위해 기도한 때였을까?

나는 왜 하나님께서 감동하셨는지 알 수 없다. 언젠가 내가 천국에 가면 그때 하나님께 직접 물어봐야 할 것 같다. 어쨌든 남편이 도착하기 전 매일 드리는 기도는 2년 동안 쌓여 있었다.

복음 역사의 시작은 하나님의 마음에서 비롯한다. 우리의 사랑이나 우리의 믿음이나 우리의 기도나 우리의 희생으로 하나님의 마음이 감동받으셨을 때 하나님은 결정하신다. 그 결정을 적합한 시기에, 적합한 사람을 통해 이루신다. 인간적인 방법으로, 흔히 우리가 하는 방식으로 이루어지는 것이 아니다.

나의 남편은 교회 지도자와 불화가 있었다.

하루는 교회 지도자가 남편을 시카고에 있는 본부로 초청했다. 남편이 시카고에 갔을 때, 털리도에서는 한 남자 선교사님이 나서서 자신을 털리도 교회의 지부장이라고 소개

했다. 그는 다음날 우리 집에 찾아와서 주일 예배에 더 이상 나오지 말라고 말했다. 남편은 자신이 지부장 자리에서 해고되었고, 틸리도 교회가 다른 남자에게 주어진 것을 모르고 있었다.

::

나는 바다에서 배운 것들을 실생활에 적용했다.

세상 속에서 살아가는 것은 바다에서 헤엄치는 것과 같다.

항상 깨어서 보이지 않고 알 수 없는 위험을 살펴야 한다.

그래야 큰 물고기에게 먹히지 않는다.

# 놀라운 바다

### 아버지의 수영 강습

나의 고향 목포는 한반도의 남서쪽에 위치한 항구 도시다. 서해안과 남해안에 널린 수많은 섬들 사이를 오가는 배들이 목포항을 드나든다.

해마다 여름이면 바다에서 일어나는 크고 작은 해상 사고 소식이 뉴스에 보도되었다. 희생자 중 상당수는 수영을 할 줄 모르는 여자와 아이들이었다.

어린 시절 아버지는 나에게 수영을 가르치셨다. 아마도 5~6세 즈음이었을 것이다. 아버지와 나는 집에서 해변까지 걸어갔다. 우리는 유달산을 넘어 바닷가에 도착했다.

아버지는 나를 높은 절벽 위에 앉힌 뒤 아래로 내려가 풍덩 바다에 뛰어들어 멋있게 수영을 하셨다. 그것이 나를 위한 아버지의 첫 수영 교습이었다. 아마도 당신의 수영하는 모습을 어린 딸이 보고 배우기를 바라신 듯했다. 그러나 나는 높다란 갯바위 위에서 넘실대는 바다를 내려다보는 것도 무서웠지만, 무엇보다 아버지가 물에 빠져 돌아가실까봐 걱정이 되어 수영을 배울 수가 없었다.

몇 주일이 지나 아버지와 나는 다시 해변으로 나갔다. 이번에는 아이들이 놀고 있는 수면이 낮은 곳이었다. 안전해 보이는 바닷가에서 나는 뛰고 달리고 파도에 발을 적시며 신나게 놀았다.

아버지께서 다시 나를 해변으로 데리고 가셨을 때, 나는 베개처럼 생긴 플라스틱 튜브를 가지고 갔다. 입으로 공기를 불어넣고는 두 손으로 그것을 잡고 물속에 들어가면 몸이 둥둥 떴다.

그 플라스틱 튜브는 수영할 때 쓰는 놀이기구가 아니었으나 내 몸을 물위에 잘 띄워주었다. 그것을 가지고 나는 한 단계 높은 재미를 즐길 수 있었다. 플라스틱 튜브를 두 손으로 잡고 두 다리로 물장구를 치면서 얕은 물가를 헤엄쳐 다녔

반지하

다. 아직은 수영을 못하기 때문에 잔물결이 찰랑이는 주변의 물가에서 놀았다.

몇 번의 경험이 쌓이자 약간의 모험심이 발동했다. 어떤 때는 내가 놀고 있는 곳의 수심이 얼마나 되는지 알아보기도 했다. 플라스틱 튜브를 잡고 서서 다리를 아래로 뻗으면서 발이 바닥에 닿는지 안 닿는지 실험해보았다. 발이 바닥에 닿지 않는다 싶으면 곧장 두 다리로 물을 차며 위로 올라왔다. 그렇게 2~3년을 바닷가에서 놀았으나 나는 여전히 수영을 할 줄 몰랐다.

### 먼저 두려움을 극복하라

여름이면 바닷가에서 재미있는 시간을 보내고는 했는데, 어느 날 바닷속 풍경을 내 눈으로 보고 싶다는 생각이 들었다. 저 바다의 밑바닥은 어떻게 생겼을까? 나는 물속에 들어가 아래로 내려가려고 했다. 하지만 몸이 생각처럼 물밑으로 내려가지 않고 자꾸 물위로 뜨기만 했다.

'나는 바다의 밑바닥을 보고 싶다. 그런데 어떻게 바닷속 저 아래로 내려가나?'

여러 차례의 시도와 실패 끝에 머리부터 다이빙해야 한

다는 사실을 깨달았다. 잠수하는 다른 아이들은 이미 그렇게 하고 있었던 것이다.

　나도 다른 아이들이 하는 것처럼 다이빙을 했다. 숨을 깊이 들이마신 뒤 위로 뛰어올라 먼저 두 손과 머리부터 물속으로 집어넣는 다이빙 방식이었다. 그렇게 해서 마침내 나는 바닷물 속으로 잠수하여 바다의 밑바닥을 내 눈으로 보게 되었다. 나는 바다의 밑바닥뿐만 아니라 많은 아이들의 다리와 발도 보았다.

　한번은 해변에서 튜브를 가지고 놀고 있을 때였다. 튜브를 잡고 두 다리로 내려가 그곳의 수심을 가늠했다. 두 발이 금방 바닥에 닿지 않았다. 나는 수심이 깊은 곳에 있었다. 갑자기 두려움이 몰려왔다. 그러자 마치 돌덩이를 매단 듯 내 몸이 갑자기 수직으로 빨려 들어가는 것이었다. 깜짝 놀라 두 손으로 튜브를 단단히 움켜잡고 다리로 물을 차면서 몸을 위로 솟구쳤다.

　곧 모래밭으로 나왔으나 큰 의문을 가지게 되었다. 바닷가에서 수영하며 재미있게 놀 때, 내 몸은 물위에 둥둥 뜨기만 했다. 그 상태에서는 물속 깊이 들어갈 수 없어 다이빙을 해야 했다. 그러나 내가 겁에 질렸을 때 몸은 돌덩이가 되어 물속으로 가라앉았다. 왜 그럴까?

　　　　　　　　　　　　　　　　　　반지하

바닷물의 염분 농도는 여기나 저기나 같다. 내 몸의 무게나 부피도 마찬가지다. 단 한 가지 다른 것이 있다면 즐거움을 느낄 때냐, 아니면 두려움을 느낄 때냐 하는 문제였다. 내가 즐거움을 느낄 때는 몸이 물속으로 가라앉지 않았다. 그러나 내가 두려움을 느낄 때는 몸이 물속으로 가라앉았다. 왜 그럴까?

여기에서 두려움은 어떤 역할을 하는가? 두려움이 나의 마음만 마비시킨 것이 아니라 몸까지 마비시켰나? 두려움이 나의 몸을 더 무겁게 했나?

이런 것에 대한 답을 찾고자 이후 나는 스스로 실험을 했다. 두려움이 내 몸을 물속에서 수직으로 하강시킨다는 것을 확신했다. 그러나 왜 두려움이 내 몸을 물속으로 하강시키는가에 대해서는 답을 얻지 못하고 마음속 숙제로 남게 되었다. 나는 그 답을 찾기 전에 고향의 바닷가를 떠났던 것이다. 그러므로 그 질문은 지금까지도 해결되지 않는 미제의 의문으로 남아 있다.

하지만 나는 거기에서 아주 중요한 생명의 지식 하나를 얻었다. '바다에서 위험에 직면하면 먼저 두려움을 극복하라'는 것이었다. 두려움이 바다에서 일어나는 사망 사고의 가장 큰 원인일 수도 있다. 물에 빠져 죽지 않을 수도 있는데 두려

움 때문에 먼저 죽게 되는 것이다. 두려움으로 몸과 마음이
마비될 때 생존의 기회를 놓치게 된다.

### 바다의 안전 수칙은 첫째는 물때를 아는 일

마침내 나는 수영하는 법을 배웠다.

얕은 물가에서 아이들이 손발을 사방으로 휘저으며 놀
고 있을 때였다. 한 해양 구조대원 아저씨가 다가와서 우리가
노는 모습을 지켜보았다. 그는 목포 바닷가 일대에서 멋진 고
글을 쓴 유일한 사람이었다. 수영을 하지 않을 때도 항상 머
리에 고글을 쓰고 다녔다. 아저씨는 우리더러 수영을 잘못하
고 있다면서 그렇게 하는 것이 아니라고 지적했다. 아이들은
수영을 가르쳐달라고 졸랐다.

목포 해변에 수영장이 하나 있었다. 유료 수영장이었는
데, 해양 구조대원 아저씨는 우리를 무료로 입장시켜주었다.
그러고는 수영하는 방법을 가르쳐주었다. 손과 발을 순서대
로 움직이는 법, 물의 저항을 줄이는 법 등을 일러주었다. 그
아저씨의 가르침대로 몇 번을 따라하자 몸이 매끄럽게 앞으
로 나아갔다. 나는 마침내 제대로 된 자세로 수영을 하기 시
작했다.

수영의 기본 자세를 익힌 나의 목표는 그저 빠르게 헤엄쳐 나가는 것이 아니라 선수처럼 멋있는 자세로 수영하는 것이었다. 수영법을 제대로 몰랐으니 너무 오랫동안 사방으로 물을 튀기면서 손발을 휘젓고 있었던 것이다. 이제 그런 서투른 짓은 끝났다.

나는 멋있게 수영하는 사람들의 모습을 눈여겨보았다. 나의 눈길을 끄는 수영 스타일은 올림픽 수영 선수가 아니라 할리우드 영화에 나오는 수영 스타일이었다. 할리우드 영화는 최고의 수영 스타일을 보여주었다. 나는 영화에서 배우들의 멋있는 수영 스타일을 보면 그대로 따라 연습하면서 내것으로 만들려고 애썼다.

바다는 거대하고 자비가 없다. 나는 그 바다에서 헤엄치는 한 마리 물고기 같았다. 사람들은 그런 바다에서 자칫하면 순식간에 목숨을 잃는다. 바다에서는 무엇보다 안전이 최우선이다.

바다에서 가장 기본적인 안전 수칙은 물때를 아는 일이다. 지금이 밀물인가 썰물인가를 아는 것이 무엇보다 중요하다. 밀물 때는 바닷물이 해변을 향해 밀려오기에 물속에서 수영하는 사람을 육지 쪽으로 떠민다. 반대로 썰물 때는 바닷물이 해변에서 멀리 바다 쪽으로 밀려남으로써 수영하는 사람을 육지로부터 멀어지게 만든다.

썰물 때면 나는 안전한 거리에서 해변과 평행을 유지하며 수영했다. 눈에 들어오는 것과 달리 실제로는 해변을 향해 10~15도 기울어진 방향으로 수영할 때 해변과 평행을 유지할 수 있다. 밀물 때면 수평선을 향해 곧장 직선으로 나아갔다. 그래도 파도가 나를 해변 쪽으로 데려오기 때문에 파도를 타고 쉽게 빠져나올 수 있었다.

썰물 때 수평선을 향해 수영하는 사람들이 있다. 멋있어 보인다. 자신이 빠른 속도로 수영하고 있다고 생각할 것이다. 그러나 그것은 착각이다. 쓸려 나가는 썰물의 세찬 파도 때문에 빠르게 멀리까지 갈 수 있는 것이다. 그러면 해변으로 되돌아오기가 쉽지 않다. 해변으로 돌아오려고 해도 쓸려 나가는 파도의 힘 때문에 몸이 자꾸 바다 쪽으로 밀린다. 도중에 힘이 빠지게 되면 사고로 이어지게 된다.

나는 주말이나 여름방학 때 곧잘 해변을 찾았다. 집에서 미리 수영복을 입고 그 위에 치마와 셔츠를 걸쳤다. 물이나 먹을거리 같은 것은 가져가지 않았다. 수영하러 갈 때는 오로지 수영만 하러 갔다. 집이 목포 시내에 있었기에 유달산을 넘어 해변까지 먼 거리를 걸었다.

바닷가에 도착하면 셔츠와 치마를 벗어 갯바위 위에 두

고 물속으로 들어갔다. 그리고 피곤해질 때까지 수영했다. 너무 힘이 들면 등으로 누워 손발을 가볍게 저으면서 물위에 떠 있는 상태로 휴식을 취했다. 그러다가 다시 몸이 회복되면 수영을 계속했다. 그렇게 바다 위에서 수영과 휴식을 번갈아가며 놀았다. 한 번은 내가 바다에 뛰어들 때부터 나올 때까지 시간을 재보았더니 2시간이었다.

수영을 끝내면 젖은 수영복 위에 셔츠와 치마를 걸치고 걸어서 유달산을 넘어 집으로 돌아왔다.

### 예상할 수 없는 위험으로 가득 찬 바다

바다 수영 중에 다리에 쥐가 난 일이 있었다. 물속에서 한쪽 다리에 경련이 일어나 힘줄이 심하게 당기면서 참을 수 없는 통증이 몰려왔다. 해변에서 멀리 떨어진 바다 위에 나 혼자 있었다. 순간 정신을 가다듬으며 두려움을 극복해야겠다고 생각했다. 나 자신에게 타일렀다.

'그래, 괜찮을 거야. 나는 이 위기를 극복할 거야.'

위험의 순간에 내 마음속 두려움이 확신으로 바뀌었다. 나는 물위에 떠서 등으로 누웠다. 한 손으로는 몸이 뜰 수 있도록 물을 저으면서 쥐가 난 다리를 물위로 올려 한 손으로 주물렀다. 그러다가 두 손으로 다리를 누르며 마사지하기도 했다. 그러자 오래지 않아 경련이 풀리고 나는 안전하게 헤엄쳐 나올 수 있었다.

수영 중에 심심찮게 일어나는 다리 경련은 정말 싫었다. 그러나 어쩔 수 없이 수영 중에 가끔 쥐가 났고, 그럴 때마다 스스로 문제를 극복해야 했다. 바다에서 수영 중에 다리에 쥐가 나면 수영을 계속할 수 없기 때문에 자칫하면 목숨을 잃을 정도로 위험하다. 그러나 수영하는 이에게 다리 경련은 예고 없이 찾아온다.

해수욕장에 가면 수영 안전 구역을 표시하는 경계선이 부표 사이에 매어 있다. 반드시 그 구역 안에서 안전하게 수영해야 한다.

안전 구역 안에서 수영을 즐기던 어느 날이었다. 갑자기 배를 찌르는 듯한 날카로운 통증이 느껴졌다. 순간 몸이 뒤집히면서 기절할 것처럼 아팠다. 애써 수영 안전 구역 경계선을 향해 몸을 움직여 간신히 줄을 붙잡았다. 그러고는 밧줄에 매달려 한참을 버텼다.

왜 그랬는지, 무슨 일이 일어났는지 알 수 없었다. 우선 먼저 두려움을 극복해야겠다는 생각이 들었다. 얼른 긴장된 마음을 추스르고 해변으로 돌아가기로 마음먹었다. 그러면서 나 자신에게 말했다.

'괜찮을 거야. 나는 이 상황을 극복할 수 있어.'

나는 한 손으로 부표 사이에 쳐진 줄을 잡고 한 손으로는 배를 쓰다듬었다. 극심했던 통증이 서서히 가라앉았다. 한참을 그렇게 있다가 헤엄쳐서 해변 위로 올라갔다.

도대체 무슨 일이 일어났던가? 왜 갑자기 배에 극심한 통증이 일어났을까? 수영복도 찢어진 데 없이 멀쩡했다. 상처 난 곳도 없었다.

전기뱀장어에 감전이라도 된 건가? 해파리에 쏘였나? 어쩌면 주둥이가 뾰족한 큰 물고기와 부딪친 것이 아닐까 하는 별별 생각이 다 들었다. 빠른 속도로 수영하고 있는 나와 더 빠르게 움직이는 물고기가 서로 쾅 부딪친 게 아닌가 싶었다. 나를 먹이로 보고 달려들었을 수도 있을 터였다.

바다는 그렇게 언제나 예상할 수 없는 위험으로 가득 차 있는 곳이다.


## 어린 시절 바다에서 훈련된 싸움꾼

초등학교 5학년 무렵이었다. 그날은 사람들이 잘 찾지 않는 곳에서 혼자 수영을 했다. 풀들이 무성하게 자라 거의 방치되다시피 한 해변이었다. 아무도 물에 들어가지 않는 곳이었다. 나는 거기에서 해안선과 평행을 유지하는 수영으로 일대를 탐험해볼 작정이었다.

한참 수영하고 있을 때 갑자기 다리에 심한 통증이 느껴졌다. 다리를 움직일 때마다 마치 쇠갈고리로 긋는 것만 같은 아픔이었다. 도대체 무슨 일이지?

그제야 나는 해초밭 위에서 수영하고 있다는 것을 알았다. 그 일대는 해초가 무성히 자라고 있었는데, 수면에서 20센티미터 정도 아래까지만 자라기 때문에 물 밖에서는 전혀 보이지 않았다. 해초 줄기에는 작은 따개비 같은 것이 잔뜩 붙어 있어서 내가 움직일 때마다 날카로운 껍데기로 다리를 긁어댔던 것이다.

해초밭이 형성되어 있는 구역은 마치 늪지대처럼 물의 흐름이 느껴지지 않았다. 그러니까 수영의 원리가 적용되지 않는 곳이었다. 수영의 원리란 물을 뒤로 밀 때 몸이 앞으로 나가는 이치를 말한다. 그러나 해초밭 위에서는 그 같은 원리가 잘 통하지 않았다. 내가 발을 몇 번 차면 몇 미터를 앞으로 나가야 하는데 겨우 몇 센티미터밖에 나가지 않았다. 결국 나는 해초밭 위에 꼼짝없이 갇히게 되었고, 생각하지 못한 큰 위험에 처했던 것이다. 주위에는 아무도 없었다.

그 상황에서 제일 먼저 해야 할 것은 마음속에서 솟구치는 불안을 가라앉히는 일이었다.

'나는 괜찮을 거야. 이 상황을 극복할 수 있을 거야."

불안한 마음은 반드시 거기에서 탈출하리라는 굳은 결심으로 바뀌었다. 그곳에서 빠져나와야 했다. 어느 쪽으로 헤엄쳐야 하나? 먼저 헤쳐 나가야 할 방향부터 정했다. 해초가 무성한 곳의 바닷물 빛깔이 다른 곳보다 좀 더 어둡다는 것을 알았다. 그것은 내가 해초의 늪지대를 탈출하는 데 아주 중요한 정보였다.

나는 바닷물 빛깔이 좀 더 밝은 곳이 어디인지 둘러보고 그쪽을 향해 수영하기로 했다. 그것을 파악하려면 수면 위로 몸을 솟구쳐 주위를 살펴야 했다. 나는 몸을 곧추세우고는 물 위로 차고 올랐다. 몸이 물속으로 떨어지기 전의 아주 짧은 순간에 물빛이 좀 더 옅은 쪽을 눈여겨보았다. 몸이 물속으로 떨어지자 해초 줄기에 붙은 딱딱한 따개비들이 다리를 사정없이 긁어댔다. 지독한 고문이었다. 하지만 살아서 빠져나가야 했기에 그 자리에서 두세 번 같은 행동을 반복하며 확실한 방향을 머릿속에 저장했다.

나는 한 방향으로 헤엄쳐 나갔다. 강하게 물을 찰 수 없었기에 한 번의 발길로 겨우 한두 뼘 정도 전진하는 것 같았다. 그럴 때마다 해초에 붙은 날카로운 따개비들이 두 다리를 할퀴었다. 너무 아팠으나 그 방법밖에 없었다. 지름길도 없었다. 발길질을 멈추는 순간 죽음이 오는 것이다. 포기란 없다. 오직 앞으로 나아가야만 한다.

오직 살겠다는 집념으로 한 뼘 한 뼘 앞으로 나아갔다. 고통스러운 한 번의 발길질은 한 뼘만큼 생명에 더 가까워진다는 것을 의미했다.

'나는 죽지 않고 살 것이다.'

마침내 나는 해초의 늪지대에서 벗어나 밝은 빛깔의 바다로 나오게 되었다. 그리고는 천천히 헤엄쳐 옷을 벗어둔 해변까지 수영해 갔다.

'살아 있다!'

'나는 살아 있다!'

사람들은 대개 자신이 하는 일을 계속하고 있었다. 세상은 똑같았다. 그러나 나는 달랐다. 나에게 세상은 똑같은 세상이 아니었다. 나는 방금 세상이 모르는 것을 경험했다. 나는 삶과 죽음 사이에 놓여 있었다. 삶과 죽음의 투쟁을 거쳤고, 인생을 다시 찾는 투쟁이 어떤 것인지 배웠다. 또래 아이들이 집에서 인형을 가지고 놀 때, 나는 삶과 죽음 사이에서 사투를 벌이며 살기 위해 싸우는 법을 익혔다.

삶과 죽음의 갈림길에서 맞딱뜨린 투쟁은 한 번이었으나 나는 그때 배운 경험을 영적인 전쟁을 치를 때 적용했다. 멈추는 것은 죽음을 의미한다. 다만 목표를 향해 앞으로 앞으로 전진해야 한다. 무거운 기도의 짐은 승리에 한 발짝 더 가까이 다가갔음을 뜻한다.

생명은 자신에게 주어진 몫을 그냥 흘려보내는 일이 아니다. 생명은 삶과 죽음 사이에서 사투를 벌이며 승리하는 일이다. 나는 어린 시절 바다에서 훈련된 싸움꾼이었다.

## 뱃전에서 본 소용돌이치는 바다

목포 유달산 너머에 있는 해수욕장 외에 또 다른 해수욕장이 근처 섬에 있었다. 목포항과 섬을 오가는 연락선이 해수욕장을 찾는 손님들을 섬으로 데려가고 또 섬에서 목포항으로 데려왔다.

바로 위의 언니가 여름방학 동안 그 섬의 해수욕장 탈의실에서 일했다. 언니는 다른 직원들과 함께 일찍 섬으로 떠났고, 나는 점심때쯤 배삯을 치르고 섬으로 갔다. 엔진이 달린 목선이었다. 30명쯤 되는 승객이 타고 있었고, 배는 목포항을 떠나 해수욕장이 있는 섬으로 향했다. 1시간 30분 정도 걸리는 거리였다.

배가 바다 한가운데에 이르렀다. 사방을 둘러보아도 섬하나 보이지 않는 망망대해였다. 나는 뱃전에 기대어 서 있었는데 정말 이상한 광경을 보았다. 배 주위의 바다 위에 파도가 없는 것이었다. 수면이 마치 비단결같이 매끄럽고 고요했다. 그때까지 수없이 보았던 바다의 모습이 아니었다.

그 매끄러운 바다 수면이 마치 거대한 바람개비처럼 휘도는 것이 눈에 들어왔다. 내가 탄 배는 통통통 엔진 소리를 내고 있었는데, 자세히 보니 소용돌이의 힘이 더 컸던지 배가 그 자리에서 빠져나오지 못하고 있는 것같이 보였다. 배에서 멀리 떨어진 바다는 여느 때처럼 파도가 일렁이고 있었다. 그런 이상한 광경은 처음 보았다.

주위의 바다가 회오리처럼 돌고 있었고, 배는 그 속에 놓여 있었다. 뱃전에 서 있는 나로서는 둥그렇게 돌고 있는 소용돌이의 크기가 얼마나 되는지 가늠할 수 없었다. 돌고 있는 바닷물의 힘이 엔진의 힘보다 더 커서 배가 빠져 나오지 못하고 있는 것이 아닌가 싶었다.

도대체 바닷속에서 무슨 일이 일어나고 있을까? 바닷물을 이토록 큰 규모로 돌게 하는 힘은 어디에서 나오는 것일까? 소용돌이가 연락선을 마치 나무토막처럼 돌리고 있는 듯했다. 나는 선장과 선원들은 그런 상황을 알고 있을 것이라고 생각했다. 그러나 승객들은 아무도 모르고 있는 것 같았다. 별 생각 없이 서로 마주 보고 이야기를 나누거나 표정 없이 앉아 있었던 것이다. 어느 누구의 얼굴에도 불안한 기색이라고는 없었다.

나는 우리 배가 돌고 있는 소용돌이에서 어서 빠져 나오기를 간절히 바랐다. 한참을 기다려도 별다른 기색이 없었다. 혹시나 불행한 일이 일어나지 않을까 마음속으로 준비하기 시작했다. 여객선의 연료가 떨어질 수도 있고, 소용돌이의 힘으로 배가 산산조각 날지도 몰랐다.

여객선의 양옆에는 구명 튜브들이 매달려 있는데, 만약 위급한 상황이 닥치면 힘센 남자들이 그것을 먼저 차지하려 들 것이었다. 나는 내가 붙들고 물에 뜰 수 있는 나무조각 같은 것을 눈으로 찾았다. 그리고는 슬그머니 그 곁으로 가 섰다. 만약 사고가 일어나면 그 나무조각은 재빨리 내가 먼저 차지하리라 마음먹었다.

그러나 바람개비처럼 휘도는 바닷물이 모든 것을 삼켜 버리면 어떻게 하나? 그럴 경우라면 여객선이든 그 무엇이든 빠져나올 수 없을 것이다. 그때 나는 그것을 '바다의 블랙홀'이라고 이름 지었다.

그러나 나의 우려와는 달리 여객선은 소용돌이의 궤도에서 벗어나 출렁이는 보통의 바다로 나아갔다. 그 배의 선장과 선원들이 영웅적인 일을 해낸 것이 틀림없다고 나 혼자 생각했다. 마침내 여객선은 나를 해수욕장이 보이는 해변의 선착장에 안전하게 데려다주었다.

## 큰 물고기에게 먹히지 않도록 깨어 있어야

나는 그 섬의 해수욕장에서 썰물 때 사고를 당한 사람을 목격했다. 해변의 모래사장 위에 나무로 만든 다이빙대가 있었다. 밀물 때는 다이빙대 중간 높이까지 물이 찼고, 썰물 때는 바닥을 드러냈다.

썰물 때였는데 젊은 남자가 다이빙대에 올라가서 바다로 뛰어들었다. 그는 수심이 너무 얕아 바닥에 머리를 부딪쳤다. 안전요원과 주변에 있던 사람들이 달려가 그를 물 밖으로 끌어냈다. 모래밭 위에 놓인 남자는 움직임이 없었으나 의식은 있었는지 안전요원의 물음에 "예", "아니오" 하고 답했다. 많은 사람이 염려하며 주위에 둘러서 있었다. 당시 그 섬에는 응급처치 의료진이나 구명정 같은 것이 없었다. 목포항으로 가는 다음 여객선이 도착할 때까지 기다려야만 했다. 나는 그런 광경을 안타까운 마음으로 바라보았다.

바다에서 수영할 때 나는 물속에서 헤엄치는 한 마리 물고기였다. 물고기는 바닷속에서 먹이를 찾아 헤엄치지만 두 눈으로 먹이만 보는 것이 아니고, 보이지도 않고 알 수도 없는 위험까지 살핀다.

나는 수영장에서 수영하는 것을 별로 즐기지 않는다. 수영장에서의 수영은 속도에만 주력하게 된다. 수영장은 보이지 않고 알 수 없는 위험 요소가 별로 없다. 그래서 바다에서 수영하는 것을 더 재미있어 한다. 나만의 방식으로 멋있게 수영을 즐기지만, 마음은 깨어서 주변을 살피고 진단하고 해석하며 결정한다.

나는 바다에서 배운 것들을 실생활에 적용했다. 세상 속에서 인생을 살아가는 것은 수영장에서 헤엄치는 것과 같지 않고 바다에서 헤엄치는 것과 같다. 나의 스타일로 멋있게 살아가지만, 마음은 깨어서 보이지 않고 알 수 없는 위험을 항상 살펴야 한다. 그래야 큰 물고기에게 먹히지 않는다.

: :

남편은 영어로 쓴 시 한 편을 처음으로 내게 내밀었다.

거기에 적힌 단어들이 무엇을 의미하는지 알았다.

남편은 이전에 한 번도 가보지 못했던 곳에 있었다.

그곳은 배반과 거짓의 땅, 모든 것을 빼앗긴 땅이었다.

---- 12 ----

# 내가 읽은 한 편의 시

---

### 처음으로 보여준 남편의 시 한 편

남편은 나이가 50을 넘어서자 흰머리가 눈에 띄기 시작했다. 어느 날 내 주위를 어슬렁거리더니 이렇게 말했다.

"나는 좋은 시인이 될 수 있었는데, 당신이 내게 있던 시적 감각을 죽여버렸어."

그 말을 듣고 나는 좀 놀랐다. 남편에게 미안한 생각이 들었다. 내가 정말 유능한 한 시인의 앞길을 망쳤나?

우리가 속리산으로 신혼여행을 갔을 때, 나는 그가 시 쓰기를 좋아한다는 것을 알고는 "앞으로 당신이 쓴 시를 나에게 읽으라고 하지 말아달라"고 부탁한 일이 있었다. 그날 이후 남편은 자신이 쓴 시를 한 번도 보여주지 않았다. 가끔 시를 쓰는 것 같았으나 혼자만 간직했다.

　나이가 들면서 남편은 가슴속의 시적 감성이 점점 말라간다고 느끼는 것 같았다. 그것이 아내 때문이라고 생각하는 줄은 미처 몰랐다. 애초에 자작시 읽기를 거부한 나의 말은 그를 실망시켰을 터이고, 그때 받았을 부정적 감정을 25년 동안 감추며 살아온 것이었다. 그래도 나를 사랑하기에 견디며 지냈으리라. 나는 혼잣말처럼 남편에게 중얼거렸다.

　"아니, 내가 언제 시를 쓰지 말라고 했나? 다만 나에게 가져와서 읽으라고 하지 말아달라고 말했을 뿐이지. 당신은 시를 계속 썼어야지…."

　그런데 남편은 내게 종이를 내밀며 말했다.

　"이 시를 읽어봐."

　신혼여행에서 자신이 쓴 시를 읽어보라고 내게 가져오지 말라고 부탁한 이후 한 번도 보여준 일이 없었다. 하지만 그날은 시 한 편을 내밀면서 나보고 읽어보라는 것이었다.

　"읽어봐. 당신에 관한 시야."

　남편은 처음으로 나의 부탁을 들어주지 않았다. 나 또한 애초의 부탁을 저버리고 남편이 쓴 시를 처음으로 읽었다.

　　　　　　　　　　　　　　　　　　　　반지하

## 나의 아내에게

당신은 늘 나무가 되는 걸 좋아했어요
그래서 여름 더위의 작열하는 햇살을 차단하고
우리에게 시원한 그늘을 선사했지요

당신은 나뭇잎을 계절의 색깔로
장식하는 것을 결코 즐기지 않고
상록수로 남아 있기를 좋아했어요

출산의 고통에서 벗어나자
곧바로 들녘으로 나가서
주님의 충만한 지혜로
새 채소들을 기르기 시작했지요

공허한 앞날을 꿈꾸느라
나는 새싹들이 자라는 것을 볼 수 없었어요
그러나 당신은 조용히 새싹들에게 물을 주었어요

당신은 집 입구에 서서
나를 찾아오는 방문객들을 맞이했고
배고픈 나그네들을 위해 식사를 준비했지요
늘 이웃과 좋은 것을 나누며
주님의 선하심을 널리 알리기에 힘썼어요

근면과 절약은 당신의 옷이었어요
부드러운 미소, 당신의 화장
날카로운 지성, 분별력, 당신의 장식띠
내면의 아름다움에서 발산되는 여성스러운 향기
당신은 눈 속에서 피어나는 아몬드꽃과 같았어요

폭풍과 햇빛을 뚫고
우리의 믿음은 숭고해지며
웃음과 눈물을 통해
우리의 사랑과 희망은 높이 올라갔지요

내가 당신과 헤어졌다고 생각했을 때
그리고 낯선 땅을 홀로 방황하고 있을 때,
당신의 영혼은 하늘에서 내 마음으로 날아왔어요
내 손을 꼭 잡고 만들어가요
생명의 여정을, 함께 그리고 우리 모두

무슨 말이 더 필요하겠어요
내 마음의 장미를 바치는 것 이외에는
당신은 내가 사랑했고 사랑하는 단 한 사람!


— 홍마가(시인) 옮김

영어로 쓴 시인데, 남편은 단어 하나하나의 속뜻을 잘 알았고, 나 또한 그 단어들을 통해 남편이 무엇을 의미하는지 알았다. 남편은 나를 온갖 역경에도 꽃을 피우고야 마는 겨울의 눈 속에서 피는 꽃으로 비유했다. '낯선 땅을 홀로 방황하고 있을 때'라는 표현이 무엇을 뜻하는지도 알았다.

남편은 이전에 한 번도 가본 적이 없는 곳에 있었다. 그 이상한 땅은 배반, 거짓의 땅, 반지하에서부터 시작하여 13년 동안 쌓아올린 모든 것을 빼앗긴 땅이었다.

그 땅에는 빛은 없고 오직 암흑만 있었다. 그러나 그 암흑 속에서 배반자 유다의 미소가 보이고, 거짓말과 속임수가 생생히 기억되고 반복되는 곳이다. 그 땅에서 희생자의 신음 소리는 메아리치지 않고 사라져간다. 그 땅에서 희생자는 쓰러지고 잊혀진다. 나의 남편은 이런 이상한 곳에서 헤매고 있었고 죽음을 생각하고 있었다. 시에서 남편은 내가 자신의 손을 꽉 쥐고 있었다고 썼다. 그렇다. 나는 남편의 손을 꽉 쥐고 절대 놓지 않았다.

::
사람의 말을 하나님의 말로 여기고 순종해서는 안 된다.

사람의 영광을 구하려는 종교 세뇌가 분별력을 잃게 한다.

하나님을 사랑하는 자는 하나님의 영광을 구한다.

사람이 아니라 하나님에게서 오는 칭찬이 동기가 되어야 한다.

# 선이냐, 악이냐

## 악을 선이라 생각한 사람들

텍사스주 휴스턴에 정착하기 위해 오하이오주 털리도를 떠날 때, 나는 한 가지 질문을 가지고 왔었다. 왜 믿는 자들 가운데 어떤 이는 선을 악이라 하고 악을 선이라 할까? 다시 말하면 선과 악에 대한 분별력을 잃어버린 사람도 있다는 것이었다.

인간은 대개 5~6세 때가 되면 선과 악에 대한 개념을 가지게 된다고 한다. 아이들은 자라면서 선과 악에 대한 개념을 잣대로 놓고, 악은 피하고 선은 취하고자 한다. 선과 악에 대한 분별력이 없는 사람은 사회에 여러 가지 문제를 일으키고, 마침내 범죄자가 된다.

그런데 무엇이 선이고 무엇이 악인가?

그들에게 이르시되 안식일에 선을 행하는 것과 악을 행하는 것, 생명을 구하는 것과 죽이는 것, 어느 것이 옳으냐 하시니 그들이 잠잠하거늘.

— 마가복음 3 : 4

이 같은 질문을 5~6세 어린이에게 물을 수 있다.

"생명을 구하는 것이 선일까, 악일까?"

아이들은 대답할 수 있다. 우리는 길을 가는 사람을 붙들고 똑같은 질문을 던질 수 있다.

"생명을 구하는 것이 선일까요, 악일까요?"

그 누구도 이에 곧바로 대답할 수 있을 것이다.

그러나 회당에 있던 사람들은 대답하지 않았다. 대답하고 싶지 않았거나, 아니면 대답할 수 없었을지도 모른다. 그들의 다음 행동이 자신들의 마음을 그대로 보여준다. 예수님을 죽이는 것이 그들 마음에 있었던 것이다. 악이 그들 마음에 있었다.

반지하

바리새인들이 나가서 곧 헤롯당과 함께 어떻게 하여 예수
를 죽일까 의논하니라.

— 마가복음 3 : 6


그들은 예수님을 죽이고자 했다. 생명을 죽이는 것은 악
이다. 그러나 그들은 예수님을 죽이는 것이 옳은 일이라고 생
각했다. 그들은 예수님 죽이기를 간절히 바랐다. 선과 악에
대한 판단력을 상실한 사람들이었다.

그들은 그저 평범한 사람이 아니었다. 하나님을 섬기는
종교인들이었다. 하나님의 종들이었다. 그들은 하나님을 섬
기는 데 자기 인생을 바쳤다. 사람들에게 하나님을 순종하고,
사랑하고, 섬기라고 가르치는 이들이었다. 그는 항상 하나님
말씀을 공부하고 암송했다. 그들은 왜 선과 악의 판단력을 상
실했을까? 왜 그들은 무고한 예수님을 죽이는 것이 선이라고
생각했을까?

### '사람'으로부터 영광을 구하는 종교 세뇌

나는 하나님을 믿는 사람들 중에서 그와 똑같은 현상을
보았다. 그들은 대개 최고의 교육을 받은 이들이었다. 성경을

가르치는 성경 선생들이었다. 예수님을 섬기기 위해 자신의 인생을 바치겠다고 작정한 이들이었다.

왜 악한 일을 한 뒤에 자기들이 옳은 일을 했다고 생각하는 것일까? 그들은 배반하고, 거짓말하고, 속이고, 가짜 문서에 증인으로 서명하면서 자신들은 옳은 일을 했다고 생각하고 있었다. 옳고 그름, 선과 악의 판단력을 상실한 이들이었다. 나는 그것을 종교 세계에 존재하는 '종교적 세뇌'의 결과라고 보았다.

내가 각각의 한 사람 한 사람을 생각해볼 때, 그들은 대부분 최고의 교육을 받았으며 겉보기에 친절하고 다정하며 좋은 이들이었다. 예수님을 섬기기 위해 많은 것을 버린 사람들이었다. 그들에게 무슨 일이 있었을까? 예수님 시대의 바리새인들에게 일어났던 일이 오늘의 시대에도 일어나고 있었다.

왜 그럴까? 무엇이 원인일까? 그 문제의 뿌리가 과연 무엇일까?

나는 이것을 꼭 알아야 했기에 하나님께 물었다.

"주님, 무엇이 그들로 하여금 옳고 그름, 선과 악의 판단력을 잃어버리게 했습니까?"

나는 하나님께 이런 질문을 가지고 나가는 것을 좋아하

반지하

지 않는다. 나에게 고통이 따르기 때문이다. 그러면 나는 입맛을 잃고 잘 먹지 못하게 된다. 마음도 괴로워서 가슴을 조여 매는 것 같다. 육체적으로, 정신적으로 고통을 감내해야 한다. 나는 하나님께서 응답하실 때까지 계속 기도해야 하는데, 하나님은 또 빨리 응답하시지 않는다. 하나님께서 응답하실 때면 몸무게가 5킬로그램 정도는 빠진다.

나는 이 문제로 얼마만큼 기도했는지 모른다. 적어도 몇 주간은 기도한 것 같다.

하루는 남편과 함께 배를 타고 낚시를 간 일이 있었다. 파도가 높아서 배가 흔들렸고, 속이 몹시 불편했다. 그때 나는 어떤 음성을 들었다.

"그들은 사람에게서 오는 영광을 사랑한다."

예수님은 요한복음 5장 41~44절에서 이 문제에 관해 말씀하셨다. 선악의 분별력을 상실하고 예수님을 죽이려 하는 유대인들의 문제의 뿌리는, 달리 말하자면 종교 세계에서 세뇌하는 문제의 뿌리는 사람으로부터 영광을 구하는 것이었다. 이것은 나에게 새로운 세계였다. 왜냐하면 나는 사람으로부터 영광을 구하는 것과 종교 세뇌가 연결되어 있는 것을 몰랐기 때문이었다.

강력한 카리스마를 지닌 종교 지도자에게서 오는 칭찬

사람으로부터 영광을 구하는 종교 세뇌는 결국 최고의 교육을 받고 열심히 헌신하는 종교인도 마침내 선과 악의 분별력을 잃게 한다.

은 그 종교 집단에 상당한 영향력을 발휘한다. 그의 칭찬 한 마디는 사람을 믿음의 영웅으로 만들 수도 있고, 책망 한 마디는 사람을 죄인으로 만들 수도 있다. 강력한 카리스마를 지닌 종교 지도자의 칭찬은 한 사람을 행복하게 만들 수도 있고, 책망은 한 사람을 비참하게 만들 수도 있다. 그 집단에 속해 있는 사람은 점점 자신들의 지도자로부터 칭찬과 인정을 받고자 애쓰게 마련이다.

### '자기'를 사랑하는 자, '하나님'을 사랑하는 자

어떻게 강력한 카리스마를 지닌 지도자로부터 칭찬을 받을 수 있는가? 지도자가 하는 말을 하나님의 말로 여기고 순종하면 칭찬을 받는다. 그 말에 순종하는 것은 선이고 그 말에 불순종하는 것은 악이다. 이것이 지속되면 결국 최고의 교육을 받고 열심히 헌신하는 종교인도 마침내 선과 악의 분별력을 잃게 되는 것이다.

> 너희가 서로 영광을 취하고 유일하신 하나님께로부터 오는 영광은 구하지 아니하니 어찌 나를 믿을 수 있느냐.
> — 요한복음 5 : 44

새로운 초심자 크리스천들은 사람이 하는 칭찬의 말로 격려를 받는다. 그런 말이 동기를 부여한다. 나도 누군가에게서 칭찬을 받으면 기분이 좋다. 그러나 거기에 집착해서는 안 된다. 성숙한 크리스천은 하나님으로부터 오는 칭찬이 동기가 되어야 한다.

하나님의 칭찬과 인정을 받으려면 성경 말씀에 있는 그대로 순종해야 한다. 그러면 사람들로부터 오해와 미움을 받기 쉽다. 그것이 바로 예수님이 걸었던 길이다. 예수님은 말씀 그대로 행하여 기존의 종교 세력으로부터 미움을 받고 체포되어 사형당했다. 이 예수님을 하나님은 말하셨다.

내 사랑하는 아들이라 내가 너를 기뻐하노라.
— 마가복음 1 : 11

그러면 왜 어떤 사람은 자기 영광을 추구하고 어떤 사람은 하나님의 영광을 추구하는가? 그것의 근본 문제는 무엇인가? 예수님께서 그 답을 이렇게 말씀하셨다.

다만 하나님을 사랑하는 것이 너희 속에 없음을 알았노라.
— 요한복음 5 : 42

반지하

자기를 사랑하는 자는 종교 활동을 통해 자기 영광을 구하고, 하나님을 사랑하는 자는 종교 활동을 통해 하나님의 영광을 구한다. 사랑의 문제다. 자기를 사랑하는지 하나님을 사랑하는지 그 사람의 종교 활동을 보면 알 수 있다. 내 눈에도 보이는데 하나님의 눈에는 얼마나 더 잘 보일까?

::

지도자의 말을 따르는 것이 곧 하나님을 순종하는 거라고
강조하는 교회가 있다. 그러나 인간은 인간이고 하나님은
하나님이다. 하나님께서 응답으로 주신 방향을 따라야 한다.
교회에는 마치 하나님같이 행동하는 지도자가 없어야 한다.

# 14

# 이상적인 교회

## 남편 목사님이 훌쩍 떠난 뒤

어느 날 남편이 심장마비로 소천했다. 너무나 갑작스런 일이라 우리 온 가족은 충격에 빠졌다. 너무 큰 아픔 속에서 비틀거렸다. 아빠 없이, 남편 없이 살아갈 일이 막막하기만 했다. 그러나 나는 앞으로 남편 없이 무엇을 어떻게 하며 살아야 할지를 먼저 생각할 수밖에 없었다. 아이들 역시 이제 아빠 없이 어떻게 지내야 할까 생각을 한 모양이었다.

몇 달 사이에 아이들은 나름대로 바람직한 방향으로 움직여주었다. 아빠가 계실 때는 각자 자기들이 살고 싶은 곳으로 가서 살았다. 그러나 아빠가 세상을 떠나자 모두 휴스턴으로 돌아왔다. 첫째 딸은 인턴십을 휴스턴에서 하게 되었다. 둘째 딸은 아빠의 태권도 도장을 맡아 운영했다. 셋째 딸은 달라스에 있던 직장을 휴스턴으로 옮겨 식구들이 함께 이사 왔다. 그리고 아들은 오스틴에 있는 주립대학에서 휴스턴에 있는 라이스대학으로 옮겼다. 그리하여 우리 가족은 모두 휴스턴에 모여 가까운 거리에서 살게 되었다.

부부가 함께 복음 역사를 섬기다가 남편 목사님이 소천하면 남아 있는 아내 목사님은 대개 둘 중 하나를 택하게 된다. 함께 일하던 복음 역사의 문을 닫든지, 아니면 혼자서 계속 이어나가는 것이다. 홀로된 사모님이 복음 역사의 문을 닫는 경우도 보았고, 또 혼자서 계속 이어 나가는 경우도 보았다. 나는 남편과 함께 해오던 복음 역사를 계속해 나가기로 작정했다.

남편과 나는 대학에서 학생들과 일주일에 한 번씩 성경 공부를 해왔다. 최근 2년 동안 이어왔는데, 15명 정도의 대학생들이 꾸준히 참석했다. 집에서는 한국 선교사님들과 함께 성경 공부를 하고 주일 예배를 보았다. 나는 혼자서 그 두 가지를 다 할 수는 없었다. 하나만 선택하고 다른 하나는 포기해야 했다.

대학교 성경 공부는 한국 선교사님 중심의 교회보다 더 빠르게 성장했다. 미국 대학생들은 적극적이었다. 일단 말씀을 받으면 곧바로 다른 학생들을 가르치기 시작했다. 미국 대학생들은 다른 학생들 가르치기를 좋아했다.

그러나 그들은 대개 섹스와 마약 문제를 안고 있었다. 내가 만일 미국 대학생 복음 역사를 선택한다면 섹스와 마약 문제를 다룰 수밖에 없었다. 그러나 나는 거기에 대해 잘 모를 뿐만 아니라 어떻게 다루어야 할지도 난감했다.

미국 대학생들로부터 충성심은 기대할 수 없다. 그들은 교회가 자신에게 유익하다 싶으면 남고, 그렇지 않다 싶으면 곧 떠났다. 그러나 그런 문제가 나의 초점이 아니었다. 하나님께서 보내시는 어떤 사람에게 가서도 가리지 않고 복음을 전하는 것이 나의 임무라고 생각했다.

## 한국 선교사님들의 준비 기간 10년

한국 선교사님들과의 교회 역사는 시간이 오래 걸렸다. 어떤 열매를 보려면 적어도 10년은 잡아야 했다. 오래 기다려야만 하는 사역이었다. 한국 선교사님들이 모두 근자에 오셨기 때문이었다. 그들은 먼저 영어를 정복해야 하고, 미국

문화를 익혀야 하고, 미국에서 정착할 수 있는 영주권을 얻어야 하고, 안정적인 직장을 구해야 하는 것이다. 나는 그 준비 기간을 10년으로 잡았다.

한국 선교사님들에게는 섹스와 마약 문제가 없다. 이 사역은 시간이 오래 걸리나 그들에게는 충성심이 있다. 그들은 자신의 유익에 따라 움직이지 않고 목표에 따라 움직인다. 그들은 나와 함께 살고 나와 함께 죽으려 할 것이다.

나는 어느 편을 선택해야 하나? 남편이나 나나 한국에서 오신 선교사님들과 생면부지였다. 그들이 휴스턴에 도착했을 때 서로 처음 만나게 되었다. 그들은 우리의 그늘 아래로 온 사람들인데, 나는 그들을 실망시키고 싶지 않았다. 그들로부터 이런 말을 듣고 싶었다.

"휴스턴의 제임스 김 선교사님께 가기를 잘했다."

이 말이 듣고 싶어서 나는 한국 선교사님들과의 사역을 택했다. 어느 날 그들은 "휴스턴의 제임스 김 선교사님께 가기를 잘했다"고 말할 것이었다. 우리는 그들을 축복하고, 보호하고, 그들이 풍성한 삶을 갖기를 원했다. 그들이 우리의 그늘 아래에 온 것은 정말 잘한 일이어야 했다.

나쁜 사람도 많다. 양을 훔치는 도적들이 있다. 그들은 양을 써먹은 뒤 헌신짝같이 내버린다. 그래도 도적 아래에서 양들은 살아간다. 양을 잡아 먹는 늑대도 있다. 늑대는 이렇게 말한다.

"네가 가진 모든 것은 다 내 것이야. 너의 돈, 너의 시간, 너의 결혼 생활, 너의 아내, 너의 자녀들!"

이처럼 양을 잡아먹는 늑대 아래에서는 생명까지 잃을 수 있다.

> 도둑이 오는 것은 도둑질하고 죽이고 멸망시키려는 것뿐이요 내가 온 것은 양으로 생명을 얻게 하고 더 풍성히 얻게 하려는 것이라.
>
> — 요한복음 10 : 10

나는 한국 선교사님들의 준비 기간을 10년으로 잡았다. 다음 10년의 목표는 이랬다.

1. 형제 선교사님들 가운데 한마음 만들기.
2. 형제 선교사님들을 목사로, 주일 예배 설교자로 만들기.

10년 동안 나는 3명의 형제님들과 교회 일에 관해 세세한 부분까지 의논했고, 그들은 10년 동안 어떻게 교회를 섬겨야 하는지 잘 볼 수 있었다. 각 형제님은 한 달에 한 번씩 주일 예배에서 설교할 기회가 주어졌다. 모두 3년간의 신학교 수업을 마치고 안수 받은 목사님이 되셨다.

### 가족 중심의 사역, 내가 지향하는 교회

목사가 된 나는 내가 지향하는 교회는 진정 어떤 교회일까 생각했다.

이 땅에는 이상적인 교회가 없다. 이상적인 교회는 천국에 있다. 내가 생각하는 교회는 빵과 같다. 빵을 만들기 위해서는 여러 가지 재료가 필요하다. 필요한 재료를 잘 섞어서 레시피에 따라 빵이 구워진다. 막 구워낸 빵은 냄새도 좋고 맛도 좋다. 그러나 아무리 좋은 빵이라도 오래 가지는 않는다. 며칠이 지나면 마르고, 쉬고, 곰팡이가 생긴다. 그러면 사람들은 부패한 빵을 버리고 새 빵을 만든다.

처음 시작할 때는 모두 기쁨과 희생으로 열심히 일하면서 새 교회를 세운다. 이상적인 교회가 탄생한다. 교회는 성공하고 성장을 거듭한다. 명성·영광·명예·권력·돈이 교회로 흘러 들어와 그 안을 채운다. 그러면 교회는 타락하기 시작한다. 잘 구워진 빵이 부패하는 것처럼 인간의 마음도 부패한

반지하

다. 다음에 오는 자들이 전임자들의 과오를 뒤바꾸는 새로운 시스템을 만든다. 그 새로운 시스템은 날이 가면서 또 부패하고 타락한다.

이것이 내가 본 지난 2000년의 교회 역사다. 인간의 마음이 구워진 빵처럼 부패하기 때문에 이 세상에 완전한 교회는 없는 것이다.

나는 교회 목사로서 내가 지향하는 교회로 바꾸어 나가기 시작했다. 좋은 점은 취하고 나쁜 점은 개선했다. 가장 먼저 한 일은 대학생 중심의 캠퍼스 사역에서 가족 중심의 사역으로 바꾸는 것이었다.

내가 털리도에 있을 때 교회 수양회에 간 일이 있었다. 그 수양회는 대학생 중심의 캠퍼스 사역이어서 어린아이들이 오는 것을 허용하지 않았다. 때마침 우리 아이들을 돌봐주는 베이비시터가 휴가를 가야 한다고 해서 난감했다. 힘들게 알아낸 끝에 한 가정을 찾았다. 나도 모르고 아이들도 모르는 그 집에 어린 두 딸을 맡기고 수양회에 갔다.

수양회 장소가 다른 주에 있어서 가는 데 하루, 오는 데 하루가 걸렸다. 수양회가 끝난 뒤 6일 만에 두 딸을 데리러 그 집에 갔다. 세 살 난 딸은 집 밖에 나와 놀고 있었는데, 나를 보자 집 안으로 뛰어들어가서는 나오지 않았다. 엄마가 자기를 모르는 사람 집에 데려다놓고 가버렸던 것이다. 어린아이는 엄마가 왜 그랬는지 알지 못했다. 자신을 버려두고 어디가서 무엇을 하는지 몰랐다. 딸아이의 입장에서 보면 엄마에게 버려진 것이었다. 그래서 알지도 못하는 사람들을 가족으로 받아들인 듯했다.

이것은 잘못된 일이다. 교회 시스템이 무엇인가 아주 잘못되어 있는 것이다. 나는 이와 관련된 문제의 답을 얻기 위해 성경을 읽었다. 에덴동산에서 하나님은 가족을 만드셨다. 가족은 하나님을 섬기는 단위다. 아담과 이브, 남편과 아내가 협력하여 하나님 일을 하게 하셨다. 하나님은 믿음과 사랑과 축복을 받은 가정을 통해 일하신다. 부모는 자녀들이 하나님의 길을 걷도록 키워야 하는 책임이 있다.

> 내가 그로 그 자식과 권속에게 명하여 여호와의 도를 지켜 의와 공도를 행하게 하려고 그를 택하였나니 이는 나 여호와가 아브라함에게 대하여 말한 일을 이루려 함이니라.
> — 창세기 18 : 19

하나님께서 아브라함을 택하신 이유는 하나님의 의도가 아버지로부터 자식에게 전해지고, 한 세대에서 다음 세대로

반지하

전해지기 위함이었다. 나의 자녀들이 부모가 무엇을 하는지 모른다면 어떻게 하나님을 섬기는 일이 다음 세대에 전해질 수 있는가? 자녀들이 성장하면 알게 되는가? 아니다. 아이들이 어렸을 때 이미 단절되었다. 아이들은 어렸을 때 이미 상처를 입었다.

캠퍼스 사역을 위해 아이들을 금지하는 것은 근시안적이다. 멀리 내다보지 못하는 일이다. 엄마 아빠는 항상 교회 일로 바빠서 아이들은 보모나 할아버지 할머니 손에 자란다. 이것은 잘못된 일이다. 그때까지 나는 이렇게 들었다.

"내가 주님을 섬기느라 바빠서 아이들을 돌볼 시간이 없으면 하나님께서 친히 돌보신다."

이것은 잘못된 말이고 거짓말이다. 어린 자녀들은 그 누구보다 부모의 사랑과 보살핌을 필요로 한다.

구약시대에 성전에 가서 하나님을 예배하는 일은 가족 행사였다. 온 가족이 1주일, 2주일을 걸어 성전에 가서 같이 하나님께 제사를 드렸다. 어린아이들이 성장하여 가정을 가지게 되면 부모가 그랬던 것처럼 자신의 아이들과 함께 그렇게 성전으로 갔다. 예수님께서 12세가 되었을 때, 부모님과 함께 유월절을 지내러 예루살렘까지 걸어갔다. 예배는 가족 행사였다.[누가복음 2 : 41~42]

너는 그 일들을 네 아들들과 네 손자들에게 알게 하라.

— 신명기 11 :19

또 그것을 너희의 자녀에게 가르치며 집에 앉아 있을 때에
든지, 길을 갈 때에든지, 누워 있을 때에든지, 일어날 때에
든지 이 말씀을 강론하고

— 신명기 11 :19

## <u>인간은 인간이고 하나님은 하나님</u>

내가 휴스턴 CMI 목사가 되었을 때, 나는 우리 교회를
가족 중심의 교회, 어린이 중심의 교회, 다음 세대와 연결이
되는 교회로 바꾸었다. 교회 수양회는 변화를 가져올 수 있는
좋은 기회였다.

나는 시도 때도 없이 울어대는 갓난아기들을 수양회에
환영했다. 아기들의 울음 소리는 우리 장래의 소망이다. 내가
너무 늙어서 주님을 섬기지 못하게 될 때, 저 울어대는 갓난
아기들이 내 자리를 이어줄 것이다.

수양회 동안 나는 키 작은 어린이에게도 할 일을 주었다.
어떤 어린이는 남자와 여자 그림을 그리게 해서 화장실 문에
붙이게 했다. 또 어떤 어린이는 식사 시간이 되면 각 방문 앞

에 가서 "식사 준비 되었어요!"라고 소리치는 일을 맡겼다. 좀 더 큰 아이는 수양회 프로그램을 벽에 붙이는 일을 시켰다. 어린이들은 각자 맡은 일을 아주 좋아했다. 수양회 동안 어린이들 성경 공부 시간도 있었다. 어린이들은 부모들이 공부하는 것과 똑같은 말씀을 배웠다.

내가 목사로 일할 때면 아이들은 엄마 아빠와 함께 교회 수양회에 갈 것이다. 그들은 3~4일 동안 부모와 떨어져 있지 않을 것이다. 어린이들은 스스로 참여하여 수양회 행사를 도울 것이다. 또 부모와 함께 노래와 춤 연습을 할 것이다. 아이들은 자기 부모가 무엇을 하는지 알게 된다. 어떤 아이는 수양회 가는 것이 너무 좋아 2주일 전부터 가방을 챙겨놓았다고 한다. 또 어떤 아이는 자기 친구들을 수양회에 초대하기도 했다.

그렇게 함으로써 나는 캠퍼스 사역을 포기했던가? 아니다. 내가 도입한 새로운 시스템은 깨어지고 상처난 가족이 아니라 건강하고 튼튼한 가족 위에서 세워지는 대학생 사역이다. 우리는 아이들을 미래의 성경 선생으로 키운다. 내가 이전에 성경을 가르쳤던 중학생들이 지금은 다 어엿한 대학생이 되어 있다.

내가 만든 또 다른 변화는 마치 하나님같이 행동하는 지도자를 없애버리는 일이었다. 교회 지도자의 말을 순종하는 것이 곧 하나님을 순종하는 거라고 강조하는 그릇된 논리가 버젓이 행해지고 있었다. 이것은 신도와 하나님의 수직 관계를 끊어버리고 인간 지도자가 마치 하나님인 양 인간 지도자를 따르고 순종하게 하는 일이다.

오래전 성경 공부 중에 나의 성경 선생이 "교회 지도자의 말을 순종하는 일이 하나님을 순종하는 일"이라고 말했다. 그때는 그 말을 따랐다. 교회 지도자의 말을 순종함으로써 하나님을 섬겼다. 그러나 성경 지식이 늘어감에 따라 그 지도자의 말이 성경 말씀에 어긋난다는 사실을 깨달았다. 이후 나는 지도자의 말을 곧이곧대로 순종하지 않았다. 그래서 나는 교만하고 불순종한다는 말을 들었다.

내가 목회하고 있는 교회에서는 인간은 인간이고 하나님은 하나님이다. 각 교인은 하나님과 관계성을 가져야 한다. 각 교회는 자신의 문제를 기도로 하나님께 가지고 나아가야 하며, 하나님께서 응답으로 주신 방향을 따라야 한다.

그래서 우리 교회는 마치 하나님같이 행동하는 최고 지도자가 없다. 그 대신에 3명의 형제님들과 내가 일주일에 한 번씩 리더 모임을 가졌다. 우리는 모든 것을 함께 의논하고 만장일치로 결정했다.

## 세 가지 문제를 해결하는 교회

우리 교회에 오는 각 가정, 각 개인은 하나님께서 그들을 돌보라고 나에게 보내신 분들이다. 각 가정, 각 개인마다 크고 작은 문제가 있었다. 경제 문제, 감정 문제, 결혼 생활 문제, 죄 문제 등…. 나는 그들이 문제를 극복하도록 돕는 막중한 책임감을 느꼈다. 그 문제들은 대략 세 가지로 나눌 수 있다. 귀신 문제, 육신의 병 문제, 죄 문제 들이다.

이 가운데 해결하기 가장 쉬운 것은 귀신 문제다. 나에게는 귀신에게 치명적인 무기가 있다. 예수님의 이름이다. 귀신 들려 고생하는 분이 다른 주에 살고 있었다. 나는 매일 예수님 이름으로 기도했다. 6개월 기도 뒤 그분이 90퍼센트 좋아졌다는 말을 들었다. 또 6개월을 매일 기도했다. 나는 그분이 99퍼센트 좋아지셨다고 들었다. 나는 6개월을 매일 더 기도했다. 비로소 그분은 완전히 치유되어 온 마음을 다해 하나님을 섬겼다. 그분의 이야기는 많은 사람의 믿음을 견고하게 했다.

다음은 건강 문제인데, 육체의 병이 있는 이는 먼저 의사에게서 치료를 받아야 한다. 치료를 받으면서 바른 의사, 바른 치료, 바른 약을 위해 기도해야 한다. 바른 의사, 바른 치료, 바른 약은 병을 낫게 하고 건강을 회복하게 한다. 틀린 의사, 틀린 치료, 틀린 약은 아픈 사람을 더 악화시킨다. 의사의 치료를 받고도 병이 낫지 않는 사람은 하나님께서 나음을 주시도록 기도해야 한다.

불치의 병이 있다. '불치병不治病'이라는 말은 잘 낫지 않거나 고치기 어려운 병을 말한다. 치료할 방법이 없다는 말인데, 이는 어디까지나 사람이 쓰는 용어다. 사람에게 속한 말이다. 하나님께는 '불치'라는 말이 없다. 하나님은 '불치'라는 말을 쓰지 않는다. 하나님은 모든 것이 가능하다. 믿는 자에게는 모든 것이 가능하다.[마가복음 9 : 23] 하나님은 능치 못할 것이 없다.[누가복음 1 : 37] 믿는 자에게는 불가능한 것이 없다. 하나님은 죽은 자를 살게 하신다. 아프지만 살아 있는 자를 고치는 것은 하나님께는 쉬운 일이다. 아픈 이를 위해 나을 때까지 기도해야 한다. 나 자신이 많은 병으로부터 나았기 때문에 하나님께서 어떤 병이든 고치신다는 믿음을 갖게 되었다.

병원에서 근무할 때였다. 한 흑인 할머니가 투석 치료를 받았다. 당뇨병으로 인해 신장이 망가져서 혈액을 걸러내야 살아갈 수 있었다. 할머니는 투석 치료 중에 '당뇨병은 저주받은 병'이라는 말을 자주 했다. 한번은 이런 말을 했다.

"하나님께서 내게 말씀하셨어. '나는 너를 낫게 할 수 있었다. 그러나 너는 나에게 요청하지 않았어'라고."

그 말을 들을 때 나는 하나님의 마음을 느낄 수 있었다. 하나님은 무슨 병이든지 고칠 수 있는데, 병이 든 믿는 사람들이 고쳐달라고 하나님께 오지 않는 것이었다. 하나님께 가는 대신 불치의 병과 고통을 그대로 받아들이면서 그저 병을 저주하며 살아가는 것이다.

그러나 하나님께 나아가는 자는 치유를 받는다. 우리 교회에 새로운 분이 나왔다. 그녀는 불치병에 걸렸다고 했다. 피부가 자꾸 두꺼워져서 마치 코끼리처럼 거칠게 변한다는 것이었다. 나는 이제 그 병이 나을 거라고 말했다.

"그 병을 십자가 위에 못 박히신 하나님께 드리십시오. 우리는 주님께 우리의 죄만 드리지 않고 우리의 질병도 드립니다."

하지만 그녀는 자신이 불치병에 걸렸다고 믿었다. 이에 내가 말했다.

"나는 나의 류머티즘을 주님께 드리고 낫게 되었습니다."

류머티즘도 흔히 불치의 병이라고 한다. 담당 의사가 나에게 치료법이 없다고 분명히 말했다. 그러나 나는 나았다. 나는 피부병을 앓는 그분을 위해 기도했다. 몇 년 뒤 그녀는 완전히 나아 지금 직장과 교회에서 열심히 일하고 있다.

세 가지 문제 집단 가운데 가장 돕기 힘든 것이 죄 문제를 가진 이들이다. 그들은 대개 죄를 사랑하고 즐긴다. 교회에 나오지만 죄를 따르고 좇는 짓을 계속한다. 주위의 모든 사람이 거의 죄를 알고 있는데 본인만 모르고 있다.

죄에 빠진 개인이나 가족을 죄에서 빠져나오게 하려면 적어도 5년 또는 10년은 잡아야 한다. 돕기가 가장 힘든 이들이다. 죄를 깨닫고 회개하도록 별짓을 다해도 뚜렷한 효과가 없다. 오직 성령께서 일하셔야 한다. 사람 마음의 죄를 깨닫게 하는 것은 성령께서 하시는 일이다.[요한복음 16 : 8] 수년에 걸친 끈질긴 기도가 필요하다. 한 개인이나 가족이 죄에서 회복되면 교회 전체가 그것을 보고 은혜를 받는다. 교회는 성령의 일하심으로 튼튼이 세워진다.

귀신 문제, 육신의 병 문제, 죄 문제, 이 세 그룹 모두 성령의 역사가 있어야 한다. 내가 기도를 계속했을 때 몇 년 뒤에는 결국 회복하는 것을 보았다.

그래도 만족을 못하는 교인들이 있다. "저쪽 교회는 이것도 있고 저것도 있는데 우리 교회는 이것도 없고 저것도 없다"고 불평한다. 자기 자녀들이 "이것도 못하고 저것도 못한다"고 불만을 늘어놓는다. 교회에서 베푸는 여러 가지 프로그램에 대해서도 곧잘 지적한다. "우리 교회에는 맥주를 마시면서 허물없이 남편 험담을 나눌 친구가 없다"고 투덜거린다.

반지하

결국 한 가족이 우리 교회를 떠나 다른 큰 교회로 옮겨 갔다. 나는 잠시 마음이 상했으나 한편으로는 감사했다. 내 어깨를 무겁게 하던 기도의 짐을 내려놓게 된 셈이었다. 나는 하나님 앞에서 그 가족을 위한 기도의 책임을 저쪽 교회 목사 님께 드린다. 저쪽 교회 목사님이 그 가족을 위해 기도를 하 시든지 안 하시던지 그것까지는 알 바가 아니다. 우리 교회는 가난한 과부 여자 목사가 성도들의 내면 문제를 해결해주려 고 매일 기도하는 교회다.

교인들 내면의 근본적인 문제는 천천히 그러나 확실히 해결되어야 한다. 그래야 교회가 튼튼이 세워진다. 육적·영 적인 문제를 해결하지 않는 교회는 사교 모임이 되고, 행사를 준비하고 참여하는 행사 중심의 교회가 되어버린다. 마침내 모두 지루함을 느끼고 피곤해지면서 결국 교회 문을 닫기에 이른다.

내가 나의 이상적인 교회로 개척을 한 이후 교회는 성장 하고 있다. 인간의 마음이 부패를 가져올 때까지 성장할 것이 다. 교회가 부패해지면 믿음의 사람들이 개혁을 할 것이다.

::

나의 생명은 하나님 손에 쥐어 있다.

하나님께서 내가 죽을 때라고 정하시면 사탄이 아무 짓을

안 해도 나는 죽을 것이요, 하나님께서 내가 죽을 때가

아니라 하시면 사탄이 별짓을 다해도 나는 죽지 않는다.

# 사탄의 계략

## 낙원에서의 아담과 이브와 뱀

아담은 하나님께서 창조하신 세상을 다스리기 위해 자신의 일에 열중하고 있었다. 들판의 짐승과 하늘의 새 들이 모두 아담에게 나와 이름을 받았다. 하나님도 오셔서 아담이 어떤 이름을 지어주는지 보셨다.[창세기 2 : 19~20] 그리고 아담은 이브와 결혼하여 행복했다. 그것은 낙원의 생활이었다. 그러나 그 낙원의 행복한 생활은 오래가지 못했다.

뱀이 낙원의 행복한 생활을 주시하고 있었다. 뱀은 아담과 이브를 하나님으로부터 격리시켜 낙원의 행복을 부수고 싶었다. 뱀은 행복한 낙원의 일상에서 가장 약한 점을 보았다. 그것은 여자의 마음속에 있는, 하나님처럼 지혜롭게 되고 싶은 욕심이었다.

뱀은 여자를 찾아와 말을 걸고 하나님 말씀에 관해 이야기했다. 뱀과 이야기를 나눈 뒤 여자는 금지된 열매를 먹으면 자신이 하나님처럼 지혜롭게 될 거라는 달콤한 생각을 하게 되었다.[창세기 3 : 5~6] 여자는 하나님의 명령을 거역하고 금지된 열매를 따서 자기도 먹고 남편에게도 주었다.[창세기 3 : 6] 그들은 하나님과 분리되고 낙원에서 쫓겨나게 되었다.

뱀은 단번에 성공했다. 뱀은 한 방으로 과녁의 정곡을 쏘아 바라는 대로 일을 말끔히 끝냈다. 아담과 이브는 하나님으로부터 격리되었고, 마침내 낙원을 상실하고 남은 육체의 생을 하나님과 떨어져 살았다.

이 이야기는 아담과 이브에게서 끝난 것일까? 이 옛날 옛적 이야기는 너무 오래되어 오늘날 우리에게 적용되지 않는 것일까? 주기도문에서 예수님은 왜 우리에게 시험에 들지 않도록 기도하라고 하셨나?

우리를 시험에 들게 하지 마시옵고

— 마태복음 6 : 13

반지하

믿든지 안 믿든지 그 옛적의 뱀은 오늘날도 같은 짓을 하고 있다. 뱀은 지금도 복음의 일꾼들, 열심히 일하는 하나님의 남자와 여자 들을 주시하고 하나님으로부터 격리시켜 파괴하려고 그들을 향해 한 방을 쏜다.

## 심장 통증과 치유 기도 모임

남편이 살아 계실 때 치유 기도 모임 가질 것을 이미 계획했다. 나는 남편이 돌아가신 뒤 그 치유 모임을 없애지 않았다. 남편이 진행하던 일들을 계속해 나갔다.

한국에서 홍덕순 목사님이 오셔서 3일간 치유 기도 모임을 인도하셨다. 목사님은 치유 사역에 은사가 있으셔서 나음 받은 사례를 익히 들은 터였다.

나는 치유 기도 모임의 규모를 좀 줄여 우리 집 거실에서 갖기로 했다. 휴스턴과 인근 도시에 사는 아픈 사람과 참여를 희망하는 건강한 사람도 같이 초청했다.

치유 기도 모임을 갖는 날이 왔다. 모임 시작 두세 시간 전, 나는 집을 향해 운전하고 있었다. 집에서 2~3킬로미터쯤 떨어진 곳에 이르렀을 때 가슴이 아파왔다. 나는 수년간 가슴 통증을 앓아왔는데, 통증이 올 때 어떻게 시작하는지 잘 알고 있었다. 먼저 심장이 꼬이듯이 밧줄로 조여 매는 것 같다가 큰 바위로 가슴을 짓누르는 압박감을 느낀다. 그러면 모든 행동을 중단하고 깊은 숨쉬기를 계속한다. 이는 심장으로 산소를 더 보내려는 나의 응급처치였다. 그렇게 4~5분쯤 지나면 통증이 완화되어 하던 일을 계속하고는 했다.

그러나 그날은 도로에서 운전 중이었다. 사거리를 지날 때 교통사고를 내지 않으려고 애썼다. 식은땀이 흐르고 정신이 희미해지면서 기절할 것 같았다. 가슴 통증은 점점 심해졌다. 아래쪽 턱이 굳었다. 모든 이가 아프고 두 어깨도 굳어지는 것을 느꼈다. 나는 정신을 차리고 안간힘을 다해 운전대를 붙잡았다. 간신히 집에 도착했다. 거실의 소파에 쓰러졌다. 그때까지의 경험 중 가장 심한 가슴 통증이었다.

옛적의 그 뱀이 치유 기도 모임을 망치려고 했다. 모임 전체를 놓고 봤을 때 나의 가장 연약한 곳은 심장이었다. 내가 쓰러지면 치유 기도 모임도 쓰러지게 된다. 뱀은 화살 한 방을 내 약한 심장을 향해 쏜 것이다.

나는 심장병을 전문으로 하는 심혈관외과의 간호사 일을 했다. 내 심장이 비정상적으로 뛸 때 심전도검사에 나타나는 비정상적인 리듬들을 생각해보았다. 부정맥에도 여러 종류가 있는데, 그날 겪은 통증은 내게 심장마비 증상이 온 것

반지하

이었다. 그날이 나의 마지막 날일지도 모른다고 생각했다. 살려면 바로 응급실로 가야 했다.

나는 전화로 급히 아이들을 불렀다. 죽기 전에 아이들의 얼굴이라도 한 번 보려고 했다. 심장마비로 죽기 전 얼마만큼 시간이 남았는지 알 수 없었다. 둘째 딸이 제일 먼저 도착했다. 나는 둘째 딸에게 유언을 남겼다.

"성경을 읽어라."

첫째 딸도 근무 중에 뛰쳐나왔다. 아들도 학교에서 달려왔다. 의사인 첫째 딸이 빨리 응급실로 가자고 강하게 말했다. 나는 대답했다.

"안 된다. 나는 치유 기도 모임에 꼭 참석해야 한다."

딸이 그런 나를 설득했다.

"엄마, 응급실에 가서 의사를 만나본 뒤에 다시 집에 와서 기도 모임을 가질 수 있어!"

나는 생각이 달랐다. 내가 응급실에 들어가면 바로 심혈관외과에 입원시켜 내 몸 여기저기에 바늘을 꽂고 줄을 집어넣고 할 것인데, 내가 어떻게 바로 집에 올 수 있겠나? 그러면 치유 기도 모임에 참석하지 못할 텐데….

내가 병원에 가버리면 치유 기도 모임은 어떻게 될까? 내가 치유 기도 모임을 뒤로하고 병원에 가 있다는 것은 하나님 안에서 믿음으로 치유 받는 것을 부인하는 행동일 것이었다. 아픈 사람들이 하나님으로부터 나음을 받으려고 우리 집에 모였는데 정작 나는 병원에 가 있다. 나의 행동은 하나님의 치유 능력을 믿지 않고 병원 치료를 더 믿는다는 의미가 된다. 그렇다면 내가 초청해서 온 아픈 사람들도 이 치유 기도 모임에 있지 말고 다 병원에 있어야 한다. 나는 하나님 안의 치유 믿음을 무시하는 것보다 차라리 죽을 것이다. 내가 응급실에 감으로 해서 치유 기도 모임을 망가뜨리는 일을 하지 않을 것이다. 죽을지라도 남아서 치유 기도 모임을 지켜야 한다. 성령의 역사냐, 나의 생명이냐? 그 갈등에서 나는 내 생명보다 성령의 역사를 택했다.

아이들은 나의 단호한 결심에 어쩌지 못하고 돌아갔다. 다른 주에서 여러 시간을 운전해 오신 선교사님 부부가 제일 먼저 도착했다. 초인종이 울렸다. 나는 간신히 일어나 문을 열었다. 그들은 나를 보자 깜짝 놀라며 물었다.

"왜 그렇게 창백하세요? 무슨 일 있어요?"

나는 아무 대답도 하지 않았다. 그 이후 참가자들이 속속 도착했다. 그때마다 나는 일어나 그들을 현관에서 맞이했다. 나의 죽어가던 친구도 지팡이에 의지해 왔다. 나는 애써 기운을 차리고 주최자로서의 임무를 다하기 시작했다. 치유 기도

반지하

모임이 시작되었다.

하나님께서 사탄에게 욥을 시험하도록 승낙하셨다. 하나님은 사탄에게 모든 것을 허용했으나 욥의 생명에는 손대지 못하게 하셨다.

> 여호와께서 사탄에게 이르시되 내가 그의 소유물을 다 네 손에 맡기노라. 다만 그의 몸에는 네 손을 대지 말지니라.
>
> — 욥기 1 : 12

### 성령의 역사 전에 오는 사탄의 공격

나의 생명은 하나님 손에 쥐어 있다. 하나님께서 내가 죽을 때를 정하시면 나는 무엇을 하든지 죽을 것이요, 하나님께서 내가 죽을 때가 아니라 하시면 아무도 내 생명을 해칠 수 없다. 하나님께서 내가 죽을 때라고 정하시면 사탄이 아무 짓을 안 해도 나는 죽을 것이요, 하나님께서 내가 죽을 때가 아니라 하시면 사탄이 별짓을 다해도 나는 죽지 않는다. 뱀이 나의 심장을 쏘아 나를 거의 죽였는데 나는 죽지 않았다. 하나님이 정하신 나의 때가 아니었기 때문이다.

내가 죽기를 각오하고 치유 기도 모임을 사수함으로써

사탄의 치유 기도 모임 방해는 실패로 돌아갔다. 치유 기도 모임은 금·토·일 계속되었다. 토요일 밤에는 큰소리로 기도했다. 아픈 사람을 한 사람씩 앞으로 나오게 하여, 그 사람에게 손을 얹고 여러 사람이 기도했다. 나는 홍 목사님의 치유 사역에서 일어난 치유의 기적에 대해 들었다. 그러나 아무 기적도 일어나지 않았다. 병이 있어서 참석하신 분들은 나음을 받지 못하고 각자 집으로 돌아갔다.

그 후 1주일이 지났다.

2주일이 지났다.

3주일이 지났다.

내게 가슴 통증이 없어진 것을 깨달았다. 15년 이상 앓았던 가슴 통증이 없어진 것이다. 잠든 동안에도 가슴 통증이 오면 깨어나고는 했다. 바위로 짓누르는 것 같은 가슴을 안고 침대 위에서 이리저리 뒤척이며 괴로워했다. 3주가 지났는데 한 번도 가슴 통증이 없었다. 나는 가슴 통증 없이 지내는 새로운 삶을 살게 되었다. 매일 사는 것이 평화롭고 편안했다. 그 치유 기도 모임을 통해 나음 받은 사람은 나 혼자였다.

나는 그후 6년간 가슴 통증 없이 잘 살았는데, 6년 뒤에 다시 가슴 통증을 느끼게 되었다. 재발로 인해 심장 전문의를 찾아가 진료를 받았다. 심전도 검사, 심장 초음파 검사, 심장

반지하

도관술 등을 받았다.

심장 초음파에서 약간의 비정상이 나왔지만, 나머지는 모두 정상이었다. 의사가 내게 말했다.

"더 이상 나를 볼 필요가 없습니다."

내가 큰 심장마비의 증상을 경험했지만, 나는 이것이 치유 기도 모임을 훼방하려는 사탄의 공격임을 알았다. 사탄의 공격은 성령의 역사가 있기 직전에 온다.

내가 교회 수양회를 준비할 때마다 내 마음을 견고히 하고 옛적의 뱀이 쏘는 한 방의 공격에 맞설 준비를 했다. 내가 쓰러지면 교회 수양회 전체가 쓰러질 것이기 때문이다.

목사직에서 은퇴 후, 나는 더 이상 뱀의 과녁이 아니었다. 그러나 후임으로 오신 목사님은 교회의 큰 행사 직전에 옛적 뱀의 활동을 보게 될 것이다.

::

크리스털비치의 비치하우스를 예약하러 두 번을 갔으나
뜻을 이루지 못했다. 하나님께서 무엇을 말씀하시나?
예약하려는 길을 막으시나? 다른 장소를 찾아보라는 건가?
2주 뒤, 허리케인으로 폐허가 된 모습을 보며 나는 경악했다.

# 크리스털비치에서 알렌캠프로

## 크리스털비치 가는 길

우리 교회는 수련회를 준비하고 있었다. 장소는 그 전해
와 마찬가지로 크리스털비치에 있는 비치하우스로 결정되었
다. 30여 명을 수용할 수 있는 큰 비치하우스를 2박 3일 동안
빌리는 데 3,000달러 정도 들었다. 나는 예약할 수 있도록 교
회로부터 1,500달러 수표를 받았다.

크리스털비치는 볼리바반도에 있는 해변이다. 휴스턴에
서 크리스털비치로 가려면 먼저 자동차로 갤버스턴까지 간
다. 갤버스턴과 볼리바반도 사이에 바다가 놓여 있는데, 거리

가 4킬로미터 정도 된다. 갤버스턴과 볼리바반도를 오가는 차량도 많고 사람도 많다. 바다 위로 다리를 놓지 않고 4킬로미터 거리를 카페리가 종일 왔다 갔다 하면서 차량과 사람 들을 실어 나른다.

갤버스턴 섬에서 '카페리 타는 곳'이라는 표지를 따라가면 큰 주차장에 이르는데, 다음번 카페리를 타기 위해 차들이 대기하는 곳이다. 카페리는 30분마다 출발하는데, 차량이 많을 때는 다 타지 못하고 다음 배를 기다려야 한다. 1시간 넘게 기다릴 때도 있다.

카페리가 도착하면 자동차들이 어디로 배에 오르고 어디에 주차할지 직원들이 지시해준다. 나는 카페리에 차가 몇 대나 들어가나 헤아려보았는데, 70대까지 헤아리다 그만두었다. 왜냐하면 대형 버스나 트레일러를 단 차량들은 승용차 서너 대 자리를 차지하기 때문에 정확히 몇 대가 들어간다고 말할 수 없을 것 같았다. 카페리가 자동차들로 꽉 차면 배의 문이 닫히고 20분간 볼리바반도를 향해 바다 위를 항해한다. 이것은 다 무료다.

카페리가 항해를 시작하면 사람들은 모두 자동차 밖으로 나온다. 어떤 이는 배 앞쪽으로 가고, 어떤 이는 배 뒤쪽으로, 어떤 이는 배 양쪽 옆으로, 또 어떤 이는 넓은 바다 경치

반지하

를 보려고 이층 갑판으로 간다.

커다란 펠리컨들이 배 주위를 날아다니거나 뱃전에 앉아 있는 것이 눈에 띈다. 하얀 갈매기 무리가 배 뒤를 따라 날아온다. 그런데 갈매기에게 먹이를 주는 사람은 볼 수 없다. 배의 커다란 스크루가 돌 때 바닷물이 뒤집어져 위로 올라오는 물고기들을 잡아먹기 위해 갈매기들이 따라온다고 한다. 가끔은 돌고래 떼가 지나가는 것을 볼 수도 있다.

20분의 항해 시간은 금방 지나간다. 사람들은 모두 자기 자동차로 돌아가서 배에서 내릴 준비를 한다. 이윽고 카페리는 볼리바반도 남쪽 끝에 도착한다. 다시 직원들이 한 대씩 어디로 나갈지 일일이 지시한다. 배에 있던 모든 차들은 한 방향으로 빠져나가고, 반대편 선착장에서는 갤버스턴으로 가려고 대기해 있던 차들이 한 방향으로 들어온다.

### 하나님께서 나에게 무엇을 말씀하시나?

예약을 위해 크리스털비치의 관리사무소로 가려고 한 날, 나는 우리 교인 중 한 가정을 방문하러 다른 주에서 오신 친척되는 두 여자분을 초청했다. 갤버스턴 섬을 둘러보고 카페리를 타는 것은 그들에게 흥미로운 경험이 될 터였다.

나는 그분들을 모시고 운전해서 갤버스턴으로 갔다. 차를 해변 근처 주차장에 세운 뒤 긴 해안을 따라 펠리컨 무리와, 갈매기 떼, 그리고 넘실대는 푸른 바다를 보면서 거닐었다.

그때 나는 시간을 계산해보았다. 카페리로 건너서 크리스털비치로 가는 데 1시간, 관리사무소에서 예약하고 비치하우스로 가서 둘러보는 데 1시간, 다시 카페리를 타고 돌아오는 데 1시간, 적어도 3시간이 소요될 것이었다.

3시간 뒤에 점심식사를 하면 손님들이 너무 배고프고 피곤하실 것 같았다. 그래서 나는 한 가지만 하기로 결정했다. 손님들을 편안히 모시는 한 가지만 먼저 하고 비치하우스 예약은 다음에 다시 와서 하기로 결정했다. 그래서 점심을 먹으러 식당으로 향했다.

며칠 뒤 나는 예약하러 크리스털비치에 있는 관리사무소로 가려고 했다. 교회의 한 어머니께 함께 가시겠느냐고 물었다. 그분은 이런저런 일로 스트레스를 많이 받고 있어서, 아파트에 종일 혼자 계시는 것보다 바다를 보면 좀 기분이 나아지지 않을까 생각해서였다.

그분은 특별히 할일은 없는데, 아들의 수업이 끝나면 학교에 가서 데리고 와야 한다고 했다. 시간을 어림잡아보니 수업이 끝나기 전까지 충분히 돌아올 수 있을 것 같았다. 그래서 함께 떠났다.

갤버스턴에 도착해서 카페리로 바다를 건너고 볼리바반도에 도착했다. 카페리로 바다를 건너는 시간이 예상보다 오래 걸렸다. 관리사무소는 그곳에서 차로 10분 거리에 있었다. 시간이 지체되어 관리사무소에 가야 하나 말아야 하나 망설였다.

운전해서 관리사무소까지 가는 데 10분, 계약하는 데 10분, 다시 운전해서 나오는 데 10분이다. 그리고 주차장에서 다음 카페리가 올 때까지 기다려야 한다. 그러면 그 어머니가 아들의 하교 시간에 맞추어 갈 수 없었다. 나는 이 상황을 그분에게 말씀드렸더니 아들이 있는 학교에 전화해서 늦을 거라고 연락하겠다고 했다.

나는 약속 지키는 것을 대단히 중요하게 생각한다. 그 어머니에게 아들의 하교 시간 전에 돌아올 수 있다는 애초의 약속을 지키고 싶었다. 아들에게 수업이 파하는 3시에 데리러 가겠다고 먼저 약속한 상태였다.

내가 예약하려고 관리사무소에 가면 2개의 약속이 지켜지지 않는다. 나는 2개의 약속을 지키겠다고 마음먹고는 관리사무소에 가지 않기로 했다. 차를 돌려서 갤버스턴으로 돌아가기 위해 카페리 주차장에 차를 세웠다.

집에 돌아와 생각했다. 나는 비치하우스를 빌리려고 갤버스턴을 두 번이나 다녀왔다. 바다를 건너 10분이면 관리사무소에 갈 수 있는 곳까지 갔다. 그런데 왜 나는 예약을 할 수 없었을까?

물론 거기에는 합당한 이유가 다 있었다. 그러나 하나님께서 나에게 무엇을 말씀하시고 계시나? 하나님께서 나에게 예약을 하지 말라고 말씀하시는 건가? 주님께서 예약하려는 길을 막으시는가? 주님께서 나에게 다른 장소를 찾아보라고 말씀하시는 것일까?

## 보는 것을 보는 눈은 복이 있도다

나는 가끔 하나님의 인도하심을 알고자 기도한다. 이것이 내가 가야 할 길이면 그 길을 열어주시고, 내가 가서는 안 될 길이면 그 길을 막아주시라고 기도한다.

비치하우스를 빌리는 것은 교회 지도자 모임에서 결정한 일인데, 그 길이 두 번이나 막힌 것이다. 우리는 경험에 의지하여 교회에 가장 좋은 일을 하고자 한다. 그러나 우리는 내일의 일을 모르고, 장래의 일을 모른다.

반지하

나는 컴퓨터를 켜고 텍사스주에 있는 수련회 장소를 검색했다. '알렌캠프'가 나왔다. 알렌캠프에 대한 소개와 안내문을 읽어보았다. 우리 집에서 자동차로 1시간 정도 걸리는 가까운 거리였다.

나는 곧바로 알렌캠프로 운전해 갔다.

여직원이 캠프 주위를 돌면서 자세히 설명해주었다. 캠프 구역 안에 있는 호숫가 주위로 아름다운 경치가 펼쳐져 있었다. 호수에는 낚시를 즐길 수 있는 자리도 마련되어 있었고, 카누도 여러 대 떠 있었다. 오리 떼가 잔잔한 호수 위를 헤엄치는 모습이 무척 평화로워 보였다.

나는 호숫가에 있는 별장 3채를 예약하고 비용의 절반을 계약금으로 지불했다. 보통 예약을 1년 전에는 해야 한다는데 다행히 우리가 바로 예약할 수 있는 별장이 비어 있었다. 알렌캠프는 크리스털비치의 비치하우스에 비해 반값이었다. 운전 시간도 휴스턴에서 1시간밖에 걸리지 않았다. 하나님께서 미리 아시고 우리에게 더 싸고 더 좋은 장소를 인도하시는 것이 놀랍기만 했다.

우리 교회는 3명의 형제님과 내가 함께 자리하는 리더 모임에서 모든 일을 결정한다. 수련회 장소를 알렌캠프로 옮기는 것도 원칙상 그 모임을 거쳐야 하지만, 그러면 또 일주일 이상 지연된다. 이번 일은 내가 우선 예약을 해서 수련회 장소를 확보한 뒤 나중에 리더 모임에 보고하고 승인을 받는 방향으로 진행했다. 수련회를 더 가깝고 더 좋은 장소에서 반 가격으로 진행하게 되니 나쁠 것이 없었다.

이후 나는 내가 한 일을 교회에 보고하면서 수련회를 비치하우스에서 갖지 않고 알렌캠프라는 새로운 장소에서 열게 될 거라고 말했다. 익숙한 장소인 비치하우스에 못 가게 된 것을 섭섭해하는 이도 있었다.

그로부터 꼭 2주 뒤, 휴스턴 지역에 엄청난 허리케인이 몰려오고 있었다. 주민들은 모두 비상 생필품들을 준비했다. 휴스턴에 사는 모든 사람들의 눈이 TV에 고정되었다. 허리케인이 어느 방향으로 가서 어느 지역을 쓸어버릴지 알기 위해서였다. TV에서 완전히 폐허로 파괴된 크리스털비치의 모습을 봤을 때 나는 경악했다. 허리케인이 볼리바반도를 치고 크리스털비치에 있던 모든 비치하우스들을 쓸어버린 것이었다. 단 한 채도 남아 있지 않았다.

2주 전에 나는 크리스털비치에서 비치하우스를 예약하려고 애썼다. 허리케인이 오는 것을 몰랐다. 하나님은 2주 후에 해변의 건물들이 완전히 파괴될 것을 아셨다. 이것이 인간과 하나님의 차이다.

반지하

초등학생 어린이가 이렇게 말하는 것을 들었다.

"하나님께서 허리케인이 오는 것을 아시고, 김 목사님이 우리 교회 수련회를 크리스털비치에서 알렌캠프로 옮기게 하셨어요."

초등학생 어린이인데도 하나님께서 무엇을 하시는지 보는 눈이 있었다. 그러나 이 일을 통해 모든 분이 하나님께서 하신 것을 볼 수 있는 것은 아니었다.

너희가 보는 것을 보는 눈은 복이 있도다.

— 누가복음 10 : 23

::
남자들이 말씀을 가르치지 않으면 여자들이 가르쳐야 한다.
말씀을 가르치지 않으면 유럽의 교회들처럼 문을 닫고 만다.
하나님 말씀은 남자든 여자든 누군가가 가르쳐야 한다.
그래서 나는 말씀을 가르치고 설교도 한다.

# 17

# 두 가지 다른 시스템

## '교회 시스템'이라는 것

반지하 교회에서 중년의 한국인 아주머니를 주일 예배에 초청했다. 그분이 목사님 이름을 물었다. 나는 대답했다.

"우리는 목사가 없습니다."

그분이 또 물었다.

"그러면 주일 예배 때 누가 설교합니까?"

나는 대답했다.

"제가 합니다."

그 말에 아주머니의 표정이 일그러지면서 나를 이상한

눈으로 쳐다보더니 이내 머리를 절레절레 흔들었다. 그분은 자신이 아는 교회 시스템에서 절대 용납할 수 없는 두 가지를 우리의 반지하 교회에서 보았던 것이다. 첫째는 안수 받은 목사만이 주일 예배 설교를 할 수 있다는 것, 둘째는 여자는 주일 예배 설교를 할 수 없다는 것. 이 두 가지가 그분이 아는 교회 시스템이었다.

그러한 교회 시스템에 따르면, 우리는 반지하 아파트에서 주일 예배를 가져서는 안 되었다. 나는 안수 받은 목사도 아니고, 여자이기 때문에 설교를 해서는 안 되었다.

그 이후 우리는 애써 한국인들을 주일 예배에 초청하지 않았다. 주로 미국인 젊은이들을 초청했다. 그들은 나에게 어떤 자격증 같은 것을 요구하지 않았다. 그저 나의 설교를 듣고, 하나님 말씀을 들으러 왔다.

나는 하나님을 섬기자는 소망으로 혼자 외국에 떨어졌다. 가진 거라고는 성경 한 권이었고, 교회 시스템 같은 것에 대해서는 무지했다. 그러나 나는 성경에 쓰여 있는 말씀은 살아 있고 운동력이 있으며, 성경 말씀을 듣는 죄인들을 구원하는 능력이 있다는 것을 알고 있었다.

나는 말씀을 가르치려고 미국에 왔다. 말씀을 가르치니 말씀을 배우는 이들의 수가 늘어났고, 나와 성경 공부 하는 학생들과 함께 주일 예배를 시작하게 되었으며, 주일 예배 설교를 하게 되었다.

내가 무엇을 잘못했나? 내가 현존하는 교회 시스템을 거스르는 짓을 하고 있나? 나는 이 일을 오로지 나 혼자 하는 것이 아니다. 하나님께서 경제력이 충분하지 않던 나를 반지하로 인도하셨다. 하나님께서 주일 예배 설교를 어떻게 준비하는지 가르쳐주셨다. 하나님께서 내가 계속할 수 있도록 격려하셨다. 하나님께서 영 선교사님 꿈에 미국 대학생 복음 역사가 시작될 것을 보여주셨다.

만약 내가 잘못된 짓을 하고 있었으면 하나님께서 나를 막으셨을 것이다. 그러나 하나님은 나를 막지 않으셨다. 말씀 공부 하는 이들의 수가 늘어가고, 그들은 자신의 인생을 하나님께 드렸다.

그 중년의 한국 아주머니는 자신이 알고 있는 교회 시스템만이 하나님을 섬기는 유일한 시스템은 아니라는 사실을 모르고 계셨다. 다른 시스템은 성경 말씀에 적힌 그대로 하는 시스템이다. 나는 교회 시스템이라는 것을 몰랐다. 교회 시스템이 필요하지 않았다. 나는 그 교회 시스템 아래에 속하지도 않았다. 성경 말씀에 쓰인 그대로 따라서 했는데, 그것이 내가 속한 시스템이었다. 나는 무엇이든 성경 말씀대로 할 수 있었다.

내가 신학 공부를 마치고 안수 받은 목사가 되었을 때는 65세였다. 드디어 설교할 수 있는 자격을 갖추었다. 그러나 나는 그런 자격을 갖출 때까지 기다리지 않았다. 22세 때부터 말씀을 가르치기 시작했는데, 성경에서 그렇게 말씀하셨기 때문이었다.[디모데 후서 4 : 2] 그다음 40년 동안 나의 시간·에너지·돈·젊음·열정을 말씀 가르치는 데 쏟았다. 내가 교회 시스템 아래서 모든 자격을 갖출 때까지 기다렸다면 65세라는 늙은 나이에 무엇을 할 수 있었을까?

나는 말씀을 가르치고 하나님을 섬기려는 소망을 가진 사람들을 보았다. 그들은 직장에서 일하며 가족을 부양한 뒤 자녀들이 자라면 신학교에 가서 신학 수업을 마치고 50대, 60대에 안수 목사가 된다. 그러면 나이가 너무 들어 일할 수 있는 시간이 얼마 안 된다.

### 누군가는 하나님 말씀을 가르쳐야 한다

나는 내가 속한 시스템이 더 좋다. 자격을 갖추려고 흰머리가 날 때까지 기다리며 준비하는 것보다 젊은 나이에 바로 뛰어들었던 것을 아주 감사하게 생각한다. 하나님께서 성경

반지하

한 권만 쥐어주시고 나를 해외에 보내 혼자 있게 하신 것을 감사한다. 그곳에서 나는 성경 말씀에서 길을 찾고 답을 찾으며 자유롭게 일할 수 있었다.

설교는 남자들의 영역이었다. 근래에 와서 여자들도 안수 받고 설교하는 것이 허락되었다. 남자가 설교를 잘 못해도 청중은 너그럽게 봐준다. 그러나 여자가 설교를 잘 못하면 청중은 견디지 못한다. 그래서 나는 설교 준비를 하는 데 애를 많이 쓴다. 아마도 10배는 더 준비를 하는 것 같다.

그렇게 하더라도 여자가 설교하는 것을 거부하는 사람이 있다. 그들은 다음 말씀을 인용한다.

> 여자는 교회에서 잠잠하라. 그들에게는 말하는 것을 허락함이 없나니 율법에 이른 것같이 오직 복종할 것이요, 만일 무엇을 배우려거든 집에서 자기 남편에게 물을지니 여자가 교회에서 말하는 것은 부끄러운 것이라.
>
> — 고린도 전서 14 : 34~35

사도 바울이 2차 전도 여행 중 고린도에 가서 말씀을 1년 반 동안 가르쳤다.[사도행전 18 : 11] 그리고 1년 반 동안 말씀을 배운 어린 성도들을 뒤로하고 그곳을 떠났다. 사도 바울이 떠난 뒤 고린도 성도들은 사도 바울 없이 무엇을 했을까? 고린도 교회 남자들은 사도 바울이 떠난 뒤 교회를 세우기 위해 열심히 일했다. 그 증거로는 고린도 교회가 사도 바울이 떠난 뒤 성장했다는 것이다. 그 고린도 교회에게 사도 바울이 고린도 전서 14장 34~35절의 말씀을 주신 것이다. 형제들은 교회를 성장시키기 위해 열심히 일하고, 여자들은 조용히 순종과 기도로 형제들을 돕는 것이다. 그것이 하나님 일을 하는 최상의 길이다.

그러나 남자들이 말씀을 가르치지 않고, 고린도 교회 남자들같이 열심히 일하지 않는데 이 말씀이 적용이 될까? 나의 의견으로는 남자들이 말씀을 가르치지 않으면 여자들이 가르쳐야 한다고 생각한다. 운동, 영화 감상, 컴퓨터게임 등의 취미 생활을 즐기면서 말씀을 가르치지 않는 남자들은 고린도전서 14장 34~35절의 말씀을 인용하면서 말씀 가르치는 여자를 비난해서는 안 된다. 남자도 말씀을 가르치지 않고 여자도 말씀을 가르치지 않으면 교회에서 무슨 일이 생길까? 교회는 문을 닫아야 할 것이다. 지금 유럽에서 많은 교회가 문을 닫고 있는 것처럼.

한국의 남자들은 학교 공부, 병역의 의무, 그리고 직장을 잡아 가정을 꾸며야 하는 무거운 짐을 짊어지고 있다. 나는

반지하

그들이 하나님 말씀을 가르치지 않는 것을 비난하지 않는다. 그러나 하나님 말씀은 누군가가 가르쳐야 한다. 그래서 나는 말씀을 가르치고 설교도 한다.

말씀을 가르쳐본 적이 없는 남자, 말씀을 가르치지 않는 남자는 말씀을 가르치는 여자 선생과 설교자들을 잠잠케 하려고 고린도전서 14장 34~35절을 인용하지 말기를 바란다. 그 대신 자신에게 물어보라.

"크리스천 남자들은 여자들이 조용히 뒤에서 기도할 수 있도록 하나님 말씀을 열심히 가르치고 있나?"

::

열리지 않는 문이 있고 열리는 문이 있다.

문 뒤에 아무도 없으면 그 문은 열리지 않는다.

문 뒤에는 하나님이 계시고, 두드리는 자에게 문을 여신다.

하나님께서 존재하시는 한 그 문은 열린다.

# 열리는 문

## 예수님의 사랑과 평화가 나에게

미국의 서북쪽 끝에 위치한 시애틀에 머물면서 일주일 동안의 신학 공부를 끝마쳤다. 3개월 전 시애틀 선한목자교회에서 주일 예배 설교를 하기로 약속되어 있었다.

토요일 밤, 걱정이 되어 잠을 이룰 수 없었다. 모두들 잠들어 있는데, 나는 묵고 있던 이 여호수아 목사님 댁의 지하실로 가만히 내려갔다. 시계를 갖고 있지 않아 몇 시나 되었는지 알 수 없었다. 자고 있는 다른 분들을 깨우지 않으려고 어둠 속에서 살금살금 계단을 밟았다.

신학 수업을 위해 서울에 있는 국제신학대학 교수님들이 시애틀에 오셔서 일주일간 강의를 했다. 강의 후 그분들은 곧장 한국으로 출국했다.

이번에는 일주일간의 강의 뒤에 졸업식과 안수식이 있었다. 그 일로 신학대학 이사장님과 대학원 학장님도 오셨다. 그런데 졸업식과 안수식을 마친 뒤에 한국으로 돌아가지 않고 시애틀 선한목자교회에서 주일 예배에 참석하려고 일부러 남으셨다.

하루 전날, 나는 6명의 신학 교수님과 신학대학 이사장님, 대학원 학장님 앞에서 내가 주일 예배 설교를 하게 됨을 알았다. 그것은 내가 예상하고 있던 일이 아니었다. 나는 그분들이 참석한다는 사실에 압도되고 말았다. 생각만 해도 내 마음은 벌써 작아지고 위축되었다.

'내가 여자라고 그분들이 마음 문을 닫아버리면 어쩌나? 내 설교를 무시하고 얕보면 어쩌나? 내 설교를 듣고 마음속으로 가소롭게 여기고 코웃음치면 어쩌나? 설교학 교수님은 과연 내 설교를 어떻게 평가할까?'

이 방면에 경험이 많아 그분들을 감동시킨다는 것은 아주 힘들 것 같았다.

나는 그날 주일 예배 설교를 하겠다고 약속한 것을 후회

반지하

했다. 그러나 3개월 전에 교수님들이 참석하실 것을 내가 어떻게 알았으랴. 그런 사실을 진작 알았으면 절대로 나서지 않았을 것이다. 나는 자신을 꾸짖었다.

'이 스트레스는 네 스스로 자초한 것이야. 앞으로 볼일만 보고 바로 집으로 가거라. 나서지도 말고 잘난 체하지도 말아라!'

이 난감한 상황을 통해 스스로를 나무라며 앞으로는 어떻게 살아 나가야 할지 장래의 방향까지 짚어보았다. 그렇게 해도 해결 방법은 없었다. 나는 전 교인과 6명의 신학 교수님들 앞에서 아침 예배 때 설교를 해야 했다.

슬퍼지기 시작했다. 남편과 사별 후 내 마음 안에 꼭꼭 묻어두었던 아픔을 생각했다. 이번에는 그 묻어둔 아픔을 쏟아냈다.

남편의 죽음 후 나는 그가 섬기던 교회를 계속해 나가기로 했다. 남편이 하던 성경 공부를 계속하고, 주일 예배 설교를 시작했다. 성경 공부 도중에 나는 화장실로 급히 달려갈 때도 있었다. 세면대를 붙들고 한참 동안 눈물을 쏟아낸 뒤 얼굴을 씻고 충혈된 눈을 가리려고 안경을 썼다. 그러고는 다시 돌아와서 성경 공부를 계속했다. 목사 과부의 슬픈 이야기다.

그런 일들을 다시 되새기자 마음은 더 힘들어졌다. 지난 상처를 건드리니 아픔이 더해진 것이다.

나는 더 이상 갈 수가 없었다. 상처가 심해서 더 이상 나아갈 수 없는 짐승같이 좌절하면서 절망의 끝에 가 있었다. 해결책은 없고, 보이지 않는 시계의 바늘은 아침 주일 예배 시간을 향해 재깍거리고 있었다.

자포자기하는 슬픈 심정으로 나는 주님께 말했다.

"주님, 지금 너무 비참합니다. 주님, 저를 안아주세요."

짧은 기도의 시간이 지난 뒤 주님께서 당신의 팔로 나를 꼭 안아주셨다. 나를 안으시는 주님의 팔을 눈으로 보지 못했으나 꼭 안아주시는 힘은 느낄 수 있었다. 주님은 두 팔로 안지 않으시고, 한 팔로 나의 몸 오른쪽을 몇 초 동안 안아주셨다. 나는 천국을 느꼈다. 예수님의 사랑과 평화가 나의 몸에, 마음에, 영혼에 퍼져나갔다.

나는 너무 기뻐서 행복에 잠겼다. 슬픔과 아픔과 두려움이 싹 사라져버렸다.

절망적인 상황에 부딪친 사람은 다른 사람에게 도움을 청한다. 다른 사람이 위로의 말은 하겠지만, 해결할 능력은 줄 수 없다. 그러므로 주님께 나아가야 한다.

반지하

## "저를 위해 기도해주시겠어요?"

예수님은 성경에 기록된 전설의 인물이 아니다. 예수님은 실제로 존재하신다. 주님은 죽으시고, 죽은 자 가운데서 부활하셨다. 주님은 살아 계신다.

주님은 나를 안아주셨고, 나의 몸과 마음과 영혼이 주님의 사랑으로 완전히 재충전이 되었다. 나의 모든 노력과 힘이 고갈되어 쓰러졌을 때, 주님께서 주님의 사랑으로 재충전해 주셨다.

나는 몇 분 만에 다른 사람이 되었다. 울먹이던 불쌍한 과부에서 불과 1~2분 만에 하나님의 튼튼한 믿음의 여장부가 되었다. 다윗은 이것을 시편 23편에 썼다.

내 영혼을 소생시키시고

— 시편 23: 3 (영어 번역)

나에게 새 힘을 주시고

— 시편 23: 3 (스페인어 번역)

사랑, 힘, 성령이 충만하여 앉아 있던 의자에서 벌떡 일어났다. 주일 예배까지 시간이 얼마 남지 않았다. 이 남은 시간을 전략적으로 잘 써야 한다.

'일하러 가자!'

나는 밖으로 나갔다.

짧은 시간에 할 수 있는 최고의 전략은 기도를 해서 하나님의 도움을 받는 것이다. 기도로 하나님의 능력을 초대해야 한다. 나는 남은 시간을 최대한 활용해서 다른 사람들로부터 기도 지원을 받아야 한다.

나는 누군가 내가 그날 아침 주일 예배 때 설교한다는 것을 기억하고 나를 위해 기도해줄 것이라고 생각하지 않았다. 사람들은 그날 아침 식사 때 무엇을 먹을까 생각하고 있을 것이었다.

내가 가서 기도 지원을 먼저 요청해야 한다. 내가 나를 위해 기도해달라고 부탁해야 한다. 다른 사람들이 나를 위해 기도하도록 만들어야 한다.

나는 교회 쪽으로 걸어갔다. 교회 안에는 알지 못하는 남자 한 분이 바닥을 청소하고 있었다. 그가 나를 알든지 모르든지 그런 것은 문제가 되지 않았다. 나는 그에게 다가가 말했다.

"제가 오늘 아침 주일 예배 때 설교를 합니다. 저를 위해 기도해주시겠어요?"

반지하

바닥을 쓸고 있던 분이 흔쾌히 승낙했다. 그분과 나는 나의 설교와 주일 예배를 위해 3~4분 기도했다.

기도가 끝나고 여자 한 분이 교회 안으로 들어왔다. 아마도 아침 기도를 하러 일찍 오신 듯했다. 나는 그쪽으로 다가가 이전과 같이 기도해주시겠느냐고 물었다. 그분도 흔쾌히 승낙했고, 나는 함께 3~4분 기도했다.

나는 또 다음 사람이 교회에 도착하기를 기다렸다. 그래서 함께 기도했고, 또 다음 사람, 또 다음 사람, 또 다른 사람과 기도했다.

## 내 생애 최고의 설교 시간

드디어 예배 시간이 다가왔다. 교인들이 모두 참석했고, 신학교 교수님들도 함께 자리하셨다. 나는 숨을 크게 들이켠 뒤 주위를 한 번 돌아보고는 마지막 한 사람에게 다가갔다. 신학교 이사장님 앞이었다.

나는 아침 일찍 모르는 이들에게 했던 것과 같이 기도 요청을 드렸고, 이사장님은 흔쾌히 승낙하셨다. 그래서 이사장님과 나는 함께 기도를 올렸다.

이윽고 주일 예배가 시작되었다. 물론 나는 아침 식사를 하지 않았다. 기도 지원을 되도록 많이 받아야 해서 밥 먹을 시간이 없었다.

설교를 하러 강대상 앞에 섰을 때, 나는 아무런 두려움 없이 확신에 차 있었다. 이전에 설교할 때는 보통 강대상 뒤에 서서 미리 써 온 설교지를 보면서 그대로 말했다.

하지만 그날은 강대상 뒤에서 써 온 내용에 따라 설교하지 않았다. 나는 강대상 좌우로, 앞뒤로 오가면서 넓은 공간을 활용했다. 설교지에 없는 내용도 즉석에서 말했다. 나는 성령의 임재하심을 느꼈다. 내 안에서, 청중들 안에서, 교회 안에서 영의 움직임을 느꼈다. 말씀은 마가복음 5장 21~43절로 부활의 믿음에 관한 것이었다. 그것은 내 생애 최고의 설교였다.

주일 예배가 끝나고 어떤 교수님이 나에게 말했다.

"선교사님, 참 대단하십니다. 이사장님께 가셔서 함께 기도하시던데요. 저희는 감히 이사장님 근처에도 못 갑니다. 말도 못 꺼냅니다."

2시간 전에 나도 똑같은 마음 자세를 가지고 있었다. 이사장님이 앉아만 있어도 겁을 먹고 기를 펴지 못했다. 그러나 주님의 사랑과 힘을 받은 후 나는 그분 앞에 서서 부활의 믿음을 선포했다. 그분도 부활의 메시지를 필요로 하는 한 인간

이었다. 나는 진실로 예배에 참석한 모든 사람들에게 부활의
믿음을 담대히 선포했다.

　점심 식사를 마치고 그제야 잠이 들었다. 지난 밤에 잠을
설친 데다 아침밥도 먹지 못해 너무 피곤해서 견딜 수가 없었
다. 내가 잠들어 있는 동안 설교학 교수님이 나를 찾아오셨는
데 안타깝게도 만나뵙지 못하고 그냥 떠나셨다고 했다. 나는
그 교수님을 존경했는데, 교수님이 내 설교에 관해 무슨 말씀
을 하려던 것이었는지 몹시 궁금했다.

　며칠 전 시애틀의 여호수와 목사님과 전화 통화를 했다.
여호수아 목사님이 얼마 전 내가 설교했던 그 주일 예배에 참
석한 어떤 분과 대화를 나누었다고 했다. 그분은 그때 나의
설교를 들었는데, 저 조그만 사람한테서 어떻게 저토록 강력
한 설교가 나오는지 놀랐다는 것이었다. 거의 10년이 지났는
데 그분은 아직도 그때 나의 설교에 대해 언급했다.

### 열리는 문과 열리지 않는 문

　열리지 않는 문이 있고 열리는 문이 있다. 문 뒤에 아무
도 없으면 그 문은 열리지 않는다. 집 안에 아무도 없으면 아
무리 오래 문을 두드려도, 아무리 세게 문을 두드려도 그 문

은 열리지 않는다. 그러나 열리는 문이 있다. 집 안에 누가 있기 때문에 그 문은 열린다. 열리는 문 뒤에는 하나님이 계시고, 하나님께서 두드리는 자에게 문을 여신다. 하나님께서 존재하는 한 그 문은 열린다.

문을 두드리라. 그리하면 너희에게 열릴 것이니

— 마태복음 7 : 7

두드리는 이에게는 열릴 것이니라.

— 마태복음 7 : 8

**절망의 문** : 세상에서 잘나가고 성공한 사람은 절망의 문으로 오지 않는다. 세상에서 폭싹 망한 사람이 오는 곳이 절망의 문이다. 동·서·남·북 사방을 둘러봐도, 위를 봐도, 아래를 봐도 다 막혀 있고 갈 데 없는 사람이 가는 곳이 절망의 문이다. 절망의 문 앞에서 주님을 부르면 절망의 문은 하나님의 문으로 바뀐다. 하나님이 살아 계시는 한 그 문은 열리는 문이다.

**하나님의 문** : 육肉의 세계는 끝났다. 세상에서 절망한 자가 두드리는 하나님의 문은 새로운 세계로 열리는 문, 하나님의 세계로 열리는 문이다. 여보세요, 똑똑똑, 주님, 똑똑똑….

반지하

열릴 때까지 두드려야 한다. 하나님의 문은 다른 세계, 영靈의 세계, 하나님의 세계로 열린다. 하나님의 문이 열리면 문을 두드리던 자는 성공할 수밖에 없다. 그에게 열린 새로운 세계는 불가능이 없고 모든 것이 가능한 하나님의 세계이기 때문이다.

많은 사람들이 이 절망의 문 앞에 선다. 그러나 그들 중 많은 사람이 하나님의 문을 찾지 못한다. 왜냐하면 몇 시간이고 며칠이고 문을 두드려보고는 그만두기 때문이다. 그들은 다시 자신이 실패했던 세상으로 돌아가 생존자로 살아간다. 왜 그들은 자기가 실패한 세상으로 다시 돌아가는가? 하나님의 문은 열리는 문이다. 열릴 때까지 계속 두드려야지 중단해서는 안 된다.

### 기도하는 것과 기도하지 않는 것의 차이

나는 세상에서 실패하고 더 이상 살고 싶지 않은 분들에게 다음과 같이 묻고 싶다.

당신은 하나님의 문이 열릴 때까지 두드릴 수 있습니까? 그 문을 두드리는 자에게 아무 조건을 묻지 않습니다. 돈,

규칙, 세례 받은 증서, 종교, 경험자… 따위를 요구하지 않습니다. 하나님과 처절히 부르짖는 인간 사이일 뿐입니다. 그 문은 당신을 위해 열리도록 되어 있고, 문이 열리면 당신은 새로운 세계를 볼 것입니다.

나는 이 여호수아 목사님 댁의 지하실에서 이 세상 가장 서러운 자로 절망의 문 앞에 있었습니다. 절망 중에 하나님의 문을 두드렸습니다.

"주님, 저를 안아주세요."

하나님의 문은 열렸고, 나는 머리에서 발끝까지 하늘의 행복으로 넘치게 되었습니다.


하나님께서 나의 대참사를 대성공으로 바꾸어주신 것이 놀랍기만 했다. 나는 이 기적으로 너무 기분이 좋았다.

다음날 비행기를 타고 휴스턴으로 돌아왔다. 그 주말에 휴스턴 CMI 교회의 주일 예배에서 똑같은 설교를 했다. 나는 일주일 전 시애틀의 교회에서 보았던 것과 같은 반응을 기대했다.

나는 설교지의 단어 하나도 바꾸지 않고 꼭 그대로 설교했다. 그런데 청중은 아무 반응이 없고 썰렁하기만 했다. 웬일이지? 왜 나의 초강력 설교에 아무 반응이 없지? 설교 내용도 똑같고, 설교자도 같은 사람인데….

한 가지가 달랐다. 시애틀에서 나는 되도록 많은 사람들과 기도했고 성령께서 오셨다. 휴스턴에서는 그렇게 기도하지 않았다. 나는 자신감에 차서 다급하지도 않았고, 하나님의 문을 두드리지도 않았고, 성령도 오시지 않았다. 나는 기도하는 것과 기도하지 않는 것의 차이를 뚜렷이 볼 수 있었다.

문을 두드리라.

그리하면 너희에게 열릴 것이니

두드리는 이에게는 열릴 것이라.

**지은이 김복순** (한국 이름: 윤복순)

1963~1969   목포여자중·고등학교 졸업

1971. 1.   목포 성골롬반 간호학교 졸업

1972. 1.   서울대학병원 조산원 과정 수료

1973. 2.   간호사 평신도 선교사로 미국 뉴욕행

2003.   휴스턴 CMI 교회 참여

2006. 5.   휴스턴 CMI 교회 목사

2012. 1.   간호사직에서 은퇴

2015. 2.   서울 국제신학대학 대학원 M div. eq 목회학 졸업

2019.   휴스턴 CMI 교회 목사직에서 은퇴

**현재**   미국 텍사스주 휴스턴에서 '다육맘'으로 다육이 가꾸기에 열중

**저서**   〈나는 저자에게 물었다〉

www.houstoncmi.com

# 반지하

—

2024년 5월 15일 1판 1쇄 발행

—

지은이 | 김복순
펴낸이 | 홍영철
펴낸곳 | 홍영사
주소 | 03150 서울시 종로구 우정국로 45-11, 4층 (동산빌딩)
전화 | (02) 736-1218
이메일 | hongyocu@hanmail.net
등록번호 | 제300-2004-135호

—

ⓒ 김복순, 2024
ISBN 978-89-92700-31-3 (03200)
값 15,000원

—

· 이 책은 저작권법의 보호를 받는 저작물이므로 무단 전제와 무단 복제를 금합니다.
· 잘못된 책은 구입처에서 바꾸어 드립니다.